ha Library

宮本常一の写真に読む 失われた昭和

佐野眞一

平凡社

JN311749

本著作は二〇〇四年に平凡社から刊行された。

はじめに

宮本常一の故郷は、瀬戸内海に浮かぶ周防大島島末《しまずえ》の山口県大島郡東和町（現・周防大島町）である。数年前まで高齢化率日本一として知られたその町に、平成十六（二〇〇四）年五月十八日、「周防大島文化交流センター」という施設がオープンした。

宮本の生家がある集落から広島湾を左手にのぞみながら車で数分走ると、海に面した埋立地にアーチ型の真新しい木造建築が見えてくる。この建物のなかに、宮本が七十三年の生涯に残した十万点あまりの写真が一枚残らず収められている。この厖大な写真コレクションが、ここ「周防大島文化交流センター」の最大の柱である。

『忘れられた日本人』（岩波文庫）などの著作で根強い人気をもち、いままた静かなブームを起こしつつある宮本が、日本の村という村、島という島を歩きつづけた比類なき民俗学者だったということはよく知られている。

その行程は地球四周分に相当する十六万キロにもおよんだ。旅に暮らした日々は四千日を数え、泊まった民家は千軒を超えた。よごれたリュックサックの負い革にコウモリ傘をつり下げ、ズック靴で歩く姿は、しばしば富山の薬売りに間違えられた。

宮本を物心両面から支えたパトロン的存在の渋沢敬三が、「宮本くんの足跡を日本の白地図の上に赤インクで印していくと、日本列島は真っ赤になる」と評したのはあまりにも有名である。

宮本は全国津々浦々を訪ねながら、土地土地に伝わる伝承や暮らしのしきたりを、古老たちから聞きとって歩いた。

その間に著わした著作のおびただしさは超人的である。生前の昭和四十二（一九六七）年から刊行がはじまった『宮本常一著作集』（未来社）は、現在、別巻を含めると五十三巻に達しているが、完結にはなおほど遠く、宮本の全業績を網羅するには百巻は優に突破するだろう、といわれる。

その守備範囲は、民話、口承文芸からはじまって、生活誌、農業技術から農村経済、はては塩業史、林業史、漁業史、考古学、開拓史、都市民俗、日本文化論と果てしなく広がっていった。

宮本はそうした際限なきフィールドワークをつづけながら、メモと同じ感覚でありとあらゆる事物にカメラを向けた。その貴重な映像の記録は、いま〝国家的財産〟の輝きを見せはじめようとしている。

民俗学者が撮った写真というと、野仏や秘祭といったイメージを抱きがちだが、宮本はそうしたものには一切といっていいほど目をくれていない。宮本がレンズで切りとったのは、ごくごくあたりまえの庶民の暮らしであり、誰の眼にもふつうに映る何の変哲もないといえば何の変哲もない風景ばかりである。

それがなぜ〝国家的財産〟なのか。宮本の写真は決して「芸術写真」のように美しくない。それどころか、ピントがぶれているものもかなりある。しかし、不思議なことに、宮本の写真は一度目にすると、見た者の脳裏に消しがたい残像を長く刻む。それは宮本がファインダーを通して、その時代に生きた人びとのいとなみや意志をはっきり伝えようとしているからである。そこには宮本という希有な民俗学者のまなざしによって見つめられた、日本人の記憶と記録の古層がまぎれもなく定着されている。

宮本が友人からもらったコダックのベスト判や、弟からもらったウエルターのブローニー判で写真を撮りはじめたのは、渋沢敬三の勧めで、彼が主宰するアチック・ミューゼアム（屋根裏博物館）入りした戦前の昭和十年代からである。だが、日本各地の村々を撮影したその写真は、昭和二十（一九四五）年七月の堺空襲で、惜しくもすべて焼失してしまった。

宮本が再び写真を撮りはじめるのは、昭和二十五年の八学会連合による対馬調査からである。しかし、昭和二十年代に撮られたものはきわめて少なく、大半が昭和三十五年以降に撮影されたものである。昭和三十五年、宮本は一本のフィルムで七十二カット撮れるハーフサイズのオリンパスペンSを購入し、本格的な撮影活動を開始した。

安保反対闘争に日本じゅうが揺れた昭和三十五年は、日本が高度経済成長に向かって早足で駆けあがりはじめる年である。政治と経済の季節が相携えるようにして押し寄せはじめた頃、宮本は戦前とかわらぬ足どりで名もなき土地の名もなき人びとを訪ね、政治や経済という「大文字」の世界からこぼれ落ちた「小文字」の世界を、文字と写真で記録しつづけた。

高度経済成長とは、日本人の衣食住に関わるライフスタイルはもちろん、精神のあり方まで根本的にかえてしまった日本の歴史に残る大事件だった。宮本が残した写真は〝国家的財産〟と呼ぶにふさわしい、といった理由はそこにある。

われわれはいまや、宮本の厖大な著作と十万点の写真を高度経済成長前後の日本の社会と民俗を知るための貴重な手がかりとしなければならない時代に生きている。十万点のなかから厳選して本書に収録した約二百点の写真には、その手がかりが随所にちりばめられている。われわれの父祖たちはどんな顔をして、どんな衣類を着て、どんな労働に勤しんできたのか。

それがたった一枚の写真から、まるで昨日のことのようにありありと伝わってくる。

宮本が本格的に撮影を開始した昭和三十年代は、古い日本が歴史のなかに溶暗し、それにかわる日本が光を浴びて登場してきた時代である。宮本は、日本史にもあまり例がないそうした激動期に、シャッターを押しつづけた。宮本の写真には、消え去る日本と、新しい日本が同じまなざしでとらえられている。それがさらに、宮本の写真の価値を高めている。

宮本が日本の各地で撮影した昭和三十年代も、いまや半世紀以上の昔となった。昭和三十年代が、いまレトロ趣味を超えて、見直されるようになったのは、その時代に、われわれ日本人が捨て去ってきたもののかけがえのなさにようやく人びとが気づきはじめたからだろう。われわれは盥《たらい》の水が少し汚れているという理由だけで、大切な赤ん坊ごと流す愚を犯してこなかっただろうか。

宮本の撮った写真が、見る者の心の奥底まで届くように感じられるのは、失われてしまった古きよき日本がそこに定着されているからばかりではない。

石牟礼道子は宮本常一がふるさとの風の音と潮の満ち引きを描いた文章に、次のような解説をしている。

〈故郷の潮の満ち干きする渚の、おどろくほど緻密な観察と鮮明な記憶、まのあたりに見ているような平明な描写力。読んでいてふいに胸えぐられる感じになるのは、今はこの列島の海岸線すべてから、氏の書き残されたような渚が消え去ったことに思い至るからである〉(『ちくま日本文学全集　宮本常一』所収「山川の召命」)

これは巧まずして宮本が撮った渚の写真の解説ともなっている。だが、石牟礼も述べているように、宮本がカメラにおさめたような渚は、日本の海岸線という海岸線からことごとく消えてしまった。その事実に思い当たったとき、われわれは宮本の残した写真の貴重さをいまさらながら思い知らされるのである。

あれだけ厖大な著作を残しながら、宮本が写真について語っている文章はきわめて少ない。そんななかで、昭和四十二(一九六七)年から刊行が開始された『私の日本地図』(同友館・絶版)シリーズ十五巻の第一巻目の「天竜川に沿って」のあとがきに、写真について語った珍しい記述がある。

宮本はそこで、写真は別に上手に撮ろうとも思わないし、メモがわりのつもりで撮っていると述べ、次のようにつづけている。

〈フラッシュもたかず、三脚もつかわず、自分で現像するのでもなく、いわゆる写真をとるたのしみというようなものも持っていない。忘れてはいけないというものをとっただけである。だが三万枚もとると一人の人間が自然や人文の中から何を見、何を感じようとしたかはわかるであろう。そしてそれは記録としてものこるものだと思う。（中略）ここにかかげる写真は一見して何でもないつまらぬものが多い。家をとったり、山の杉林をとったり、田や畑をとったり。しかし私にはそれが面白いのである。そこには人間のいとなみがある。（中略）だから私はそういうものを見のがすことができない。つまり他の人が何でもなくつまらないと思うものにも、私はひどく心をひかれたり感動したり、また考えさせられもしたものである。（中略）なぜなら私はこうした景観や事物の中からいろいろの物を学び、物の見方を学んだのだから〉

昭和四十二年の時点で三万点だった写真は、昭和五十六年の死去の時点で十万点にのぼった。その十四年間に七万点の写真が追加されたことになる。一年間で五千点撮影された勘定である。

宮本は足を止めて構えたりせず、ほとんど歩きながら撮りつづけた。汽車に乗ると必ず窓際に座り、車窓に流れる風景にレンズを向けた。それは現代の若者が携帯電話の「写メール」でスナップ写真を撮るような感覚だった。

宮本がこうして撮った何げないスナップショットから、今度はわれわれが、失われてしまった風物を通して、高度経済成長によって忘却の彼方に押しやられた日本人のいとなみと、かつて日本人がもっていた深々とした物の見方を学ぶ番である。

目次

高知県に出稼ぎに来た長州大工の木村長吉翁に話を聞く
宮本常一(左)。高知県吾川郡池川。昭和54年７月12日

第一章　村里の暮らしを追って

景観にめぐらせた無限の夢

宮本が十五歳で島を離れ、叔父を頼って大阪に出て行くとき、父親が餞《はなむけ》の言葉として宮本に贈った十カ条の人生訓がある。その一カ条目と二カ条目は、宮本の写真術の最も重要な背骨となっている。

①汽車へ乗ったら窓から外をよく見よ。田や畑に何が植えられているか、育ちがよいかわるいか、村の家が大きいか小さいか、瓦屋根か草葺きか、そういうこともよく見ることだ。駅へついたら人の乗りおりに注意せよ、そしてどういう服装をしているかに気をつけよ。また、駅の荷置場にどういう荷がおかれているかをよく見よ。そういうことでその土地が富んでいるか貧しいか、よく働くところかそうでないところかよくわかる。

②村でも町でも新しくたずねていったところは必ず高いところへ上って見よ、そして方向を知り、目立つものを見よ。峠の上で村を見おろすようなことがあったら、お宮の森やお寺や目につくものをまず見、家のあり方や田畑のあり方を見、周囲の山々を見ておけ、そして山の上で目をひいたものがあったら、そこへは必ずいって見ることだ。高

いところでよく見ておいたら道にまようようなことはほとんどない。
これに十カ条目の、
⑩ 人の見のこしたものを見るようにせよ。その中にいつも大事なものがあるはずだ。あせることはない。自分のえらんだ道をしっかり歩いていくことだ。
という教えを加えれば、宮本の写真術はそこにほぼ言い尽くされている。宮本は父の教えた珠玉のような言葉を忠実に守って、生涯写真を撮りつづけたともいえる。
数多い民俗学者のなかで、宮本ほど景観にこだわった者もいなければ、空撮に興味をもった者もいない。宮本は昭和五十四(一九七九)年十月から翌年九月まで、全日空の機内誌「翼の王国」に一年間にわたって「空からの民俗学」というエッセイを連載している。その第一回目で宮本はこう書いた。

〈空から見下す地上の風景は私に無限の夢をさそう。工業都市の上をとぶときは、よごれたスモッグにおおわれた中で、コンクリートのビルや画一的な住宅に近代を意識し、それを誇り、喜びながら生活している人びとの姿を想像し、青い大海の中に浮ぶ島に人家を見出すと、「どうしてこのような島に住みついたのだろう。そしてどういう生活をたてているのだろうか」と考えてみる。「この島に最初に住みついた人はどういう人なのか。妻はどのようにして求めたのか。子供たちはどんな生活をたてていったのだろうか」などと考えてみる。山中の小さな村を見かけたときも「あの人たちはどうして今まで生活をたててきたのだろう。山を下って平野に住むことを夢みながら、一日一日が暮れているのではなかろうか」などと思ってみる〉

宮本が生前に撮影した十万点のネガは、ネガフィルム番号、コマ番号、撮影年月日、撮影場所（内容）の四項目に分類したシート表に整理されている。そのシート表に対応した紙焼きの連続写真を通覧すると、宮本流の写真作法がよくわかる。

見知らぬ土地を訪ねるとき、宮本はまずその土地に入るところを撮影している。山村であれば村の入り口、漁村であれば港の風景を何枚か撮ったあと、やおらその土地で最も高いところに向かっている。

宮本は若い頃、万葉集を耽読し、短歌もかなり残している。俳句や短歌をものする歌人たちが、新しい土地を訪ねたとき、まず一句なり一首なり詠んで、その土地に「挨拶」するのがならわしとなっている。

宮本の写真の流儀にはこのならわしに近いものがある。それがひとまず済んでから高いところに登るのは、父の教えを守ったせいもあるだろうが、大阪で郵便局づとめをした宮本が、生来の向学心に燃え、天王寺師範（現・大阪教育大学）の二部に入学し、そこで人文地理学を修めたせいでもあったろう。

鳥の目で地形を、虫の目で暮らしを

宮本の写真が収められた「周防大島文化交流センター」を設計したのは、東京都日野市のＴＥＭ《テム》研究所である。同研究所代表の真島俊一は宮本の武蔵野美術大学時代の教え子の一人だった。

宮本は三十代はじめから五十代なかば過ぎまで一貫してフリーランスの道を歩んだが、五十八歳のとき請われて武蔵美の教授となった。二十代で大阪各地の小学校教師を約五年間つとめたことを除けば、宮本が定職につくのはこれがはじめてだった。宮本は長男の千晴に、「五十代までワシは食えなかった」とよくいった。

その教え子の真島を中心としてTEM研究所が作成した宮本の旅譜がある。それによると、宮本の旅の足跡はおおむね次の五つに分けられている。

①　小学校教師時代の戦前の旅
②　戦前から戦後にかけてのアチック・ミューゼアム時代の旅
③　民俗学、歴史学など学問世界の統合を目指した八、九学会連合時代と、宮本が制定に尽力した離島振興法成立前後の昭和二十年代後半の旅
④　離島と林道調査に明け暮れた昭和三十年代の旅
⑤　武蔵美時代と武蔵美を退職後、故郷に「郷土大学」を設立し、東京の府中の家と周防大島を往復した晩年の旅

この五つの時代ごとに、宮本が訪ねた旅先と経路を色わけし、それを日本列島の上に一つずつ落としこんでいったまことに詳細きわまる旅譜である。この旅譜と、先に紹介したネガフィルムの番号に対応したシート表を照合すると、宮本の残した十万点の写真の全貌がほぼ明らかになる。

東和町役場が作成したそのシート表によると、宮本は昭和三十六（一九六一）年の八月二十二日、伊丹空港から瀬戸内海上空を飛び、小豆島を空撮している。ここにあげた愛媛県の

大三島《おおみしま》の集落を俯瞰した写真（五六～五七頁）は、その途次に空撮されたものである。宮本が瀬戸内海の上空をはじめて飛んだのは、これより三年前の昭和三十三年七月のことである。そのときのことを『私の日本地図6・瀬戸内海Ⅱ／芸予の海』のなかで、感激で一ぱいだった、いままで多くの時間をかけてあるいた島々が眼下にある、と興奮気味に記している。

大三島は、瀬戸内海の芸予諸島中、最も大きな島である。この地方の豪族だった越智氏と河野氏の守護神の大山祇《おおやまづみ》神社が鎮座する島としても有名で、海上交通の要衝として古代からよく知られた島である。平成十一（一九九九）年、尾道―今治ルートの通称しまなみ海道が全通したため、大三島への交通はたいへん便利になったが、宮本が訪ねたときはまだ船だけが頼りの島だった。

宮本は前掲書のなかで述べている。

〈瀬戸内海の島々をあるきはじめたのは昭和の初頃からであった。そして芸予の島々はとくにたびたびあるいたから、その一回一回のことを思い出すことすらできない。しかし、目をつぶればどの島のことも思い出せるのだが、気がついてみると、昭和三五年ごろから、あまりあるいていないのである。しかし飛行機で島々の上を通ることは多くなった。そのたびに写真はとるようにしているが近頃はスモッグがたちこめて、はっきりした島の姿を見ることが少なくなった。やがてはうすよごれたところになってゆくことであろう。そしてそういうものを文明だとか文化だとか言ってもてはやさなければならないことも考えてみれば悲惨なことではなかろうか〉

大三島の井ノ口集落を撮った空撮写真には、段々畑と集落、そして山にのびた細い道と土地利用の関係が、まるでパノラマでも見るように一目瞭然に写りこんでいる。武蔵美の教授時代、一橋大の〝テンプラ学生〟として宮本の授業を聴講していた香月洋一郎（神奈川大学教授）は、やがて宮本が空撮した写真を材料にした〝個人授業〟を受けるようになった。香月はその思い出を綴った「フィールドでの記憶」（『未来』二〇〇三年五月〜十一月号）のなかで、宮本はその授業中、自分の空撮写真を見せて、「おい、地割りがあるぜ」とよく言った、と回想している。

地割りとは、古代に行なわれた土地区画整理制度のことである。その後の土地分割などによって、元々の地割り線は見えなくなってしまうことが多いが、定住当初もしくは開墾当初の分割線が、現在の区割りを通してもなお浮かびあがってくるケースもあった。宮本にとって地割りとは、その土地にはじめて人が住みはじめたときの名残りをとどめる土地の記憶ともいうべきものだった。

〈こうした分割線を宮本常一は、よく「地割り」と表現し、畑が拓かれていく際の基軸的なものとして、集落や開墾の性格をみてゆく目安のひとつとしていた。ことに海岸部の集落でこうした分割がほぼ均等に割られている場合には、漁民の陸あがりという定住行為と関わる形でみてゆけないものかと考えていた〉

宮本が空撮した大三島の写真にも、段々畑のある山の斜面に地割りを示す分割線がはっきりと見える。

宮本は、目の前の地形や景観から、そこに暮らす人びとがその土地にはじめて住みついた時代にまで思いを馳せながら、シャッターを切りつづけた。そして、高いところから眺望した地形や景観をすっかり頭のなかにたたきこんだあと、いまカメラにおさめたばかりの集落を訪ねるのが宮本流の景観解読術だった。

宮本はいわば「鳥の目」で風景を眺め、「虫の目」でその風景を形成してきた人びとの暮らしを観察し、聞き取りして歩いた。宮本は武蔵美の教授時代、近畿日本ツーリストの出資で設立された日本観光文化研究所（略称、観文研）の所長に請われて就いた。宮本はそこから「あるくみるきく」という、商業雑誌とは一線を画した個性あふれる雑誌を出すが、「あるくみるきく」とは、まさに宮本の記録する精神を的確に表わすものだった。

つぎあての服が消えた

集落を歩き、洗濯物が干してある風景が目に入ると、宮本はそこで必ずといっていいほど足をとめ、カメラを向けた。いまならさしずめストーカーで警察につきだされるおそれもある行為だが、宮本にいわせると、洗濯物にはその土地の生活の程度や人びとの好みが最もよく反映されているという。

宮本は関門海峡に浮かぶ北九州市の藍島《あいのしま》でも、薩摩半島の南端に近い鹿児島県山川町でも、そして広島や佐渡各地でも洗濯物の写真を撮っている（五八～五九頁）。昭和三十七（一九六二）年十月に藍島で撮影された写真には、いまはほとんど見られなくなったねんねこ半纏で赤ん坊をおぶった女性と、井戸が写っている（五八～五九頁）。

時代の貧しさを感じさせるのは、昭和三十四年八月、九学会連合の佐渡調査の際、大佐渡の北端に近い願《ねがい》と真更川《まさらがわ》集落で撮影された洗濯物の写真である（五九頁）。願の写真は、その集落のはずれにある小さな小学校の裏側に子どもたちが干した雑巾を撮ったものである。まともな形をしているのは一枚だけで、あとは原形をとどめぬほどボロボロである。

宮本はそれを見て、この集落の生活は決して豊かとはいえないが、厳しい自然のなかで孤立同然に生きていくには、一枚の雑巾をボロボロになるまで使いきるつつましさが必要なのだろうという感想を抱いた、と述べている。

真更川で撮影された洗濯物は雑巾ではなく、布団のようである。昭和三十年代の佐渡の片田舎では、これほどつぎはぎだらけになった布団でも、洗ってはまた繕《つくろ》って大切に使っていたのである。宮本は『私の日本地図7・佐渡』のなかで、静かな怒りをこめてこうも述べている。

〈島の片隅はいつもおいてけぼりをくう。実は島でくらす者の生活向上をねらって離島振興法という法律もつくられたのだが、それにもかかわらず、一番恩恵をうけなけれ

ばならない人たちが、いつまでも忘れられがちになる〉

「あるくみるきく」のなかに、宮本を慕って集まってきた若者たちが撮った写真に、宮本が短いキャプションをつける「一枚の写真から」というページがあった。そのなかの一枚に、昭和四十六年十月、西宮市の郊外で撮られた草葺きの家が三軒並んだ写真がある。庭には洗濯物がひるがえっている。宮本はそこでも洗濯物に着目している。

〈干されているものを見ると手縫いのものはないようである。いつの間にかわれわれが身につける下着はすべて購入品にかわってしまった。

昭和三〇年頃までは干されているものを見ると手縫いのものが多かった。ミシンで縫ってあっても、自製のものが少なくなかった。ということは下着に一定の型がなかった。と同時に、つぎのあたっているものが少なくなかった。

つぎのあたったものを着なくなったのは昭和三五年頃が境であった。そして多くの女性たちはあまりミシンをつかわなくなって来た。その頃までいたるところに見られた洋裁塾や洋裁学校が姿を消していった。

そしてその頃から流行が、自立的な意志によっておこなわれるよりも商業資本の企画によって左右されるようになって来る。今年は何がはやるということが、前もってわかることになった。いつの間にか人間の意志がかすんだものになってゆきはじめた〉

洗濯物一つから、女性の下着が手縫いの自家製品から、いつのまにか市販品にとってかわられたと指摘する宮本の観察眼はさすがに鋭い。この背景に、高度経済成長時代をスタートラインとする大量生産、大量消費の時代があったことはいうまでもない。

日本の大転換期における「しぐさ」の記録

背負う、運ぶという人間の基本的な動作に注目した写真が多いのも、宮本らしい。

『絵巻物による日本常民生活絵引』（全五巻）という浩瀚《こうかん》な本がある。最初、角川書店の『日本絵巻物全集』の付録として、昭和三十九（一九六四）年から数年にわたって刊行されたが、あまり評判とはならず、まもなく絶版となった。いま私の手許にあるのは、昭和五十九年、平凡社より復刊された新版である。

これは元々、字引きがあるのだから絵引きのようなものがあってもいいのではないか、という渋沢敬三の発案のもとに編集作業がはじまったものである。法然上人絵巻や信貴山《しぎさん》縁起、餓鬼草紙《がきぞうし》など中世の絵巻物を題材にとり、今日の生活に通じる衣食住などのあり方を細大もらさず書きぬくという目のくらむような作業だった。作業は昭和十七年からはじまったが、戦争の激化と戦後の混乱で長らく活動中止となり、戦後は敬三没（昭和三十八年十月）後の昭和四十一年までつづけられた。

この作業の中心となったのが宮本だった。「周防大島文化交流センター」におさめられた十万点のカットを紙焼きした連続写真を見ていくと、絵巻物を接写で撮った写真がかなり含まれていることがわかる。撮影されたのは昭和四十年代初頭で、宮本がこの頃、『絵巻物による日本常民生活絵引』の編集作業に追われていたことがうかがえる。宮本はこの作業を通じて民衆生活への関心を一段と深めていった。

『絵巻物による日本常民生活絵引』は、いうなればアナログの時代に、デジタル化をすすめるような困難な作業だった。絵巻物というスクロールのメディアを一度止め、そこになんとか検索機能をもたせることができないかというのが敬三の考えだった。

たとえば旅する僧侶の絵巻物があるとする。僧侶の帽子や衣類などには、①は烏帽子《えぼし》、②は直垂《ひたたれ》といった具合に番号がふられ、その番号に対応した巻末の索引と照合できる仕組みとなっている。

この『絵引』の卓越したところは、衣類や帽子などの名詞だけでなく、「赤ん坊に乳をふくませる」、「棒で叩く」、「石を投げる」といった動作を示す動詞とも対応していることである。こうした人間の動作でとりわけ細かく分類されているのは、「背負う」と「運ぶ」である。

［背負う］子を負う、俵を背負う、壺を背負う男、島籠を背負う男、荷を背負う若者、荷を背負う男、楯を背負う

［運ぶ］運搬、飯を運ぶ、食物を運ぶ男、鍋を運ぶ女、稲・草の運搬、稲を運ぶ男、秣《まぐさ》を運ぶ男、水を運ぶ僧、水を運ぶ男、水桶を運ぶ女、着物を運ぶ男、板を運ぶ男、蓮糸《はすいと》を運ぶ男、薪を運ぶ男、畳を運ぶ僧、神鏡《しんきょう》を運ぶ男、蓮茎を運ぶ男、荷物を抱き運ぶ男

先ごろ物故した歴史学者の網野善彦は、遺作となった『「忘れられた日本人」を読む』（岩波書店）のなかで、この『絵引』という着想をたいへん高く評価し、「こういう細かい仕種《しぐさ》まで宮本さんがすべて名前をつけられたのですから、これは大変なことだったと思います」

と述べている。

網野は戦後の一時期、アチック・ミューゼアムの後身の日本常民文化研究所の分室の水産資料整備委員会に参加したことがある。そこで水産に関する古文書集めに全国を飛び回っていた宮本を知った。

宮本が死んだとき、心にしみる追悼文を朝日新聞に寄せたのも網野だった。網野はそのなかで、『忘れられた日本人』の中の名品中の名品の「土佐源氏」を読んだときの感銘は忘れ難い、それ以来、私は宮本氏の著作を漁《あさ》り読んだ、民俗学の分野に私の目が多少とも開かれたのは、まったく宮本氏の魅力にひかれてのことだといってよい、と記している。

神奈川大学短期大学部の教授時代、網野はテキストに『忘れられた日本人』を使った。いちばん困ったのは、そのなかに出てくる木炭や火鉢といった言葉を学生たちがまったく知らなかったことだったと、網野は前掲書のなかで述べている。

網野はさらに、私どもの世代と今の世代との間に横たわっている断絶はたいへん深いものがあるような気がする、私流に言えば、十四、五世紀頃に日本列島の社会ではかなり重大な文化、生活の大転換があったと思うが、それに匹敵するくらいの、あるいはそれ以上にはるかに深刻な社会の大変動が、現在、進行中なのかもしれないという実感をもっている、とつづけている。

網野のいう大変動を私なりに解釈すれば、その起点は昭和三十年代の高度経済成長にあった。

エネルギー革命が起こり、われわれの身の回りから木炭も石炭も消えていった。それは必然的に日本人の生活様式を根本からかえるものだった。

宮本の写真が貴重なのは、そのほとんどが、まさにその端境期《はざかいき》に撮影されたものだからである。そこには消えゆく日本の姿が、ゆったりとした時間の流れとともに確実に写しとられている。

昭和三十年代に宮本が佐渡東海岸ぞいの松ヶ崎で撮影した、道路工事用の砂を背負箱で黙々と運ぶ女たち（六〇頁）や、秋田県北部の上小阿仁《かみこあに》村で撮影した女のかつぎ屋姿（六一頁）は、今ではまったくといっていいほど見られなくなってしまった。

だが、宮本が索引づくりを担当した中世の絵巻物に登場する物を背負う庶民の姿と、宮本が写した背負い姿はそっくりといってもいいくらいによく似ている。宮本はこれらの写真を撮るとき、中世の絵巻物の世界をダブらせていたに違いない。

前出の香月洋一郎は「歴史と民俗3」（神奈川大学日本常民文化研究所・一九八八年七月）所収

の「谷のむらの早乙女——伝承論ノート2」のなかで、宮本と一緒に東海道新幹線に乗ったときの思い出を綴っている。

関ヶ原付近で、柿の木が一定の間隔で混植されている菜園畑が車窓を流れると、宮本は、「おい、あれによう似た風景は中世の絵巻物のなかにあるぜ」といった。また岡山平野で川岸に着けられた農耕船が、反対側の船のへりから川底に刺しこんだ棹でとめられている情景を目にすると、「あれと同じ風景は『一遍聖絵』になかったかのォ」と声をあげた。

人間は本来、物を自分の肉体で運ぶ機能をもった存在だった。頭で運び、肩や背、手や腰で物をどこまでも運搬した。人体はそれ自体が秀れた運搬具といってもよかった。頭部での運搬は中世では男にもみられたが、近代に入ると、なぜか、女に限られた。

昭和三十五（一九六〇）年四月、薩摩半島南西部の坊で撮られた写真（六三頁）と、昭和三十七年六月、種子島で撮影された写真（六三頁）は、女性による頭上運搬の特徴がよく出ている。天秤棒（六四〜六五頁）や背負子《しょいこ》（六〇〜六二頁）、牛馬やリヤカーによる運搬姿（六六、七〇〜七三頁）も、自動車が普及するまでは、全国どこにでも見られる風景だった。

ＴＥＭ研究所作成の旅譜によると、宮本は昭和三十五年十一月に熊本県中部の矢部町の調査に、昭和三十八年十一月に長崎県対馬の調査に出かけている。宮本は熊本調査の際、古くから温泉場として知られた大分県との県境に近い小国町杖立《つえたて》で荷を運ぶ牛の写真（七三頁）を撮っている。

牛は馬に比べ、歩みは遅いが、坂道に強い利点をもち、手綱を持つ必要もない。また馬は大量の餌を必要とするため、飼葉桶を常に持ち歩かなければならない。その点、胃が四つある牛は、一度に大量の餌を与えておけば、反芻によって腹をへらすことはない。牛の後を竹製の背負籠を背負った女がゆっくり歩いているのは、牛によるこうした運搬の利点をよく示している。

対馬北端に近い西海岸の佐護《さご》で撮影されたのは、ふつうの馬よりやや小型の対州馬（七二頁）である。宮本が対馬を最初に訪ねたのは、前に少しふれたが、昭和二十五年の夏である。このときの旅から名作「梶田富五郎翁」と「対馬にて」（『忘れられた日本人』所収）が生まれた。宮本はこのとき、佐護に行くという三人の馬方の強い勧めで荷物を預けている。そのときのエピソードが「対馬にて」のなかに、いかにも宮本らしい観察眼で書きとめられている。

〈海ぞいの道をあるいていると、馬にのった三人が後から来て威勢よくかけぬけていった。石山寺縁起の中に魚をとりにいった百姓たちが馬をはしらせているところが描かれているが、その絵そっくりである。袖のみじかい帷子《かたびら》様の腰切の着物をきて、膝までの股引をはき、わらじをはいている。（中略）

まったく困りはてた。畑ではたらいている人に馬へのった人は通ったかときくと、「えらい勢いでとばして行きました」という。リュックサックの中には一斗あまりの米と、着がえが入っている。中世の旅とおなじことで、昭和二十五年頃対馬をあるくには米をもってあるかねばならなかった〉

田畑の労働や技術、民具を撮る

宮本は村々の農作業にもよく目をとめている。そこには、子どもの頃から貧しい父母を助けて農作業を手伝い、大阪で小学校教師になってからも、休みのたびに島に帰り畑仕事に出た宮本ならではのあたたかなまなざしが感じられる。

これらの写真は、昭和三十年代にはまだ共同の農作業が各地で行なわれていたことも力強く語っている。苗運び、田植え、稲干し、稲刈り、脱穀、米の供出にいたるまでの全作業が、村人総出で行なわれていたことがよくわかる（六六〜七〇頁）。『私の日本地図9・瀬戸内海Ⅲ／周防大島』のなかで、宮本は故郷の農作業について次のように述べている。

〈私の家でも昭和三三年頃まではわずかばかりの田を作っていた。そして田植のときは旅からかえって手伝をしたものである。田植は私にはたのしいものであった。麦刈から田植までの間は実にいそがしい。しかも泥田の中で働くので疲れる。しかしその時期にはどの田にも人が出ていた。そしてみんな力一ぱい働いた。田植がはじまると、手間替えで助けあって植えた。これをコウロクといった。合力と書くのであろう〉

宮本は各地の民俗博物館づくりに尽力したことでも知られる。そのうち最も有名なのが佐渡南端にある小木《おぎ》の、小学校の廃校跡を利用した佐渡国小木民俗博物館である。民俗博物館づくりのプランが宮本からあがったとき、小木の人びとの反応は鈍かった。古い民具を集めて骨董屋でもはじめるのか、というのが大方の意見だった。しかし、宮本の狙いは小木の人びとの邪推とはもちろん、単なる資料館づくりともまったく別のところにあった。

古い民具が家のどこにあるかをいちばんよく知っているのは家庭の主婦である。ところが主婦はある場所は知っていても使い方を知らない。知っているのは年よりだけだ。けれど年よりにはそれを運搬する体力がない。それを運ぶのは若者の仕事だ。博物館をつくることで老若男女の力を結集することができる。それによって沈滞した地域に活力と自信を与えることができる。これが、宮本の博物館づくりの根本的思想だった。

宮本は自分のことをよく〝伝書鳩〟にたとえた。新しく訪ねた土地で珍しい農業技術や林業技術、漁業技術を見かけると、宮本はそれについて根掘り葉掘り尋ね、それが普及に値する技術だと判断すれば、それを次に訪ねた土地で惜しみなく教えて歩いた。

昭和三十九（一九六四）年八月、北海道の離島調査に出かけた宮本は、利尻島でミンク飼育場の写真（七七頁）を撮っている。この当時、かつてニシン漁にわき返った利尻の漁場は火がきえたようにさびれ、漁民たちはなれない副業で生活を支えていた。宮本は『日本の離島第2集』（『宮本常一著作集5』未来社）のなかで、気候が適しているのでミンクからは良質の毛皮がとれるらしい、と述べている。

福島で撮影されたビニールをかぶせた苗床（七六頁）や、故郷の東和町外入《とのにゅう》で撮られた蜂の巣箱（七七頁）も、新しい技術導入に関心をもちつづけた宮本の心の動きが示されている。蜂の巣箱が置かれているのはミカン畑である。島でミカンをつくりはじめると、養蜂家が蜂の巣箱をもってミカンの蜜を取りにきた様が、この写真一枚からよくわかる。

道や橋にはいとなみの痕跡がある

宮本は晩年、「日本民俗学が本当に完成するには、部落史と芸能史、それに女性史に本格的にとりくまなきゃならん」と、よくいった。部落史と芸能史には残念ながら手がつけられなかったが、女性史については、「女の世間」（『忘れられた日本人』所収）や『女の民俗誌』（岩波現代文庫）などの著作があることでもわかるように、独自の視点を築いている。

「女の世間」のなかで、宮本は日本には古くから女性だけで旅をする風習があったと述べている。この指摘は、世界じゅうどこへ行っても日本人女性だけのパックツアーがいないところはない、といわれる昨今の風潮と考えあわせて、はなはだ興味ぶかい。

昭和三十七（一九六二）年八月、対馬首邑《しゅゆう》の厳原《いづはら》で撮影された洗濯をしながら世間話に興じる女たちの姿（七八頁）は、女は共同体の一員である前に女としての世間をもち、そこで話しあい助けあっていた、という宮本の言葉（「女の世間」）を裏づける貴重な写真となっている。また、昭和三十三年七月、大分県中津で撮られた、洗濯機をはさんで二人の女がおしゃべりしている写真（七八〜七九頁）も、生活様式がいくら電化されようとも、「女の世間」はかわらないことを示しているようで面白い。

『女の民俗誌』のなかに、村の秩序の本当の維持者はどこでも女だった、という記述がある。その視点は、佐渡や瀬戸内海塩飽《しわく》諸島の香川県高見島、三河湾に浮かぶ愛知県佐久島で撮影された女たちが働く写真に色濃くにじみでている。

女が藁束を持ちあげている佐渡・真更川の写真（八二頁）は、「女の餅」といって、餅をついたあと臼の底に残った餅を藁につけておいて女だけで食べる風習を写したものである。同じ佐渡西海岸の小野見で撮影された草履づくりをする女（七四〜七五頁）や、佐久島で写された大豆たたきをする女（七五頁）、高見島で写された縄をなう老女の写真（七四頁）も、女たちが村の秩序を守ってきた主役だったことを物語っている。

家屋の屋根に注目する民俗学者は少なくない。だが、宮本は屋根そのものの形や素材というより、その村の共同体の崩壊度がどの程度進んでいるかのバロメーターとして、村々の屋根に注目した（八八〜八九頁）。茅葺きの屋根の家があれば、その村にはまだ普請催合《もやい》による屋根葺きの共同作業が行なわれている証拠だと、宮本は考えた。昭和四十二年一月、山梨県上野原で撮影された共同の屋根葺き風景（八九頁）や、昭和四十一年九月、山形県の庄内から新潟県の村上まで歩いた途中に撮られた屋根がえの共同作業風景（九五頁）は、それを伝える貴重な写真となっている。

全国行脚で裏打ちされた宮本の観察眼の確かさを如実に示す文章が、前掲の「一枚の写真から」のなかにある。写真は栃木県南西部の出流《いずる》山中で撮られたものである。杉皮を積んで干してあるだけの殺風景な写真である。宮本はそこにこんな解説をつけている。

〈……杉を伐りたおして運ぶためには、山地から水のゆたかな川まで出すのが大変な労作業であった。杉を伐りたおすと、梢の枝葉を残してほかの枝葉を伐り落してしばらくそのままにしておくと、梢の枝葉の蒸発作用で幹の水分の抜けだすのが早い。

ひと通り水分が抜けたところで杉皮はぎにかかる。はいだ杉皮を幅二間ほどに敷きならべて、川のあるところまで道を作る。中にくぼみをつけておく。この道をシュラという。その上を、皮をはいだ杉材をすべらせて川まで運ぶのである。実によくすべるので、シュラを組むには手数はかかるが、運材にはそれほど労力はかからなかった。

さて川に落した杉材は、細い川ならば管流していって一本ずつ流して大きい川へ運び、そこで筏に組んで下流へ送ったものである。筑後川、球磨川、吉野川、那賀川、紀ノ川、熊野川、木曾川、天竜川、庄川、多摩川、米代川などは筏の送流で名を知られた川であった。

したがって、そういう川の沿岸には杉皮葺の民家が多かった。皮をはいですべりよくすることで川まで運びだすのに容易であり、木の中の水分を抜いておくことで筏に組んだときの浮力が大きかった。そして、人がその上に乗って操作しつつ川口まで運ぶことができたのである〉

宮本は杉皮が干してあるというだけのたった一枚の写真から、杉材の運搬に関わる全労働過程を読み解いている。話はそこから一転して松におよぶ。

〈松は重く、容易に水分が抜けないので筏に組むことがむつかしかった。ひとつは皮のむきにくいことも原因したのであろう。そこで松を筏に組むときには、竹の束を筏の両側につけたものであるという。そういわれてみると、山間の松山の裾に竹藪のあるところが少なくない〉

戦後、林道が発達し、トラック輸送が盛んになると、筏による送流はほとんど見られなくなった。と同時に、杉皮を干す風景も少なくなり、山間の家々も杉皮葺きが目にみえて減り、当世風のモダンな家にかわった。それは山林労働者の労力を軽減した反面、山村の過疎を促すことにもなった。廃村に追い込まれた例も少なくない。

宮本はそう述べたあと、世の中が移りかわるということは、どうしても誰かが犠牲にたたされるものである、何万、何十万という人びとがそれぞれ悲痛な思いを胸にひめつつ、山を下りていった、山地を歩くたび、山間にいても安穏に暮らせるような方法はなかったものだろうかと考える、とつづけ、次のようにこの文章を結んでいる。

〈私はただ風景を風景として見るだけでなく、ひとつの風景を作り出してきた人びとが、自然とどのようにかかわりあってきたかに目をとめて見ていただきたいと思う。原始林を除いて、日本の山地に人の手の加わっていないところはひとつもないといっていい。それはそこに生えている木の大きさを見てもわかる。何回も何回も伐り、その後に生えた木で山はおおわれている。山地に時間は無為に流れたのではなかった〉

風景の上にも、人の上にも、時間は無為に流れたのではない。そこには必ず人のいとなみと意志の痕跡がある。そのことを示すために、宮本はシャッターを押しつづけた。宮本が道や橋を意識的に撮ってきたのも、そうした精神のあり方と密接に関わっている。道こそが人間の意志の表現であり、橋こそが人間のいとなみの表現だからである。橋には吊り橋、石橋、板橋、舟橋、潜水橋、ハシゴ橋、跳ね橋とさまざまな形状があるが、昭和三十八（一九六三）年十月、山口県柳井市で撮影された水の中の飛び石（九一頁）は、きわめて珍しい種類の橋である。

この写真は、前日種子島を出て夜の十一時に鹿児島発の急行列車に乗り、柳井で下り大畠行きの普通列車に乗りかえる合い間という殺人的スケジュールのなかで撮影されたものである。

それから約一ヵ月後、対馬の佐護川で写された舟橋（九〇頁）も、筏を川に渡した珍しい橋である。宮本は前掲の「対馬にて」のなかで、写真よりずっと川幅が広い佐護川の橋のないところをサルマタとシャツ一丁でヤケクソになって渡った思い出を書いているので、それから十三年後に見たこの舟橋には特段の関心を引かれたのだろう。

昭和三十五年十月、宮本は熊本の石橋調査に出かけている。熊本は肥後の石工で知られた石橋の多い土地である。このとき宮本は、阿蘇西南麓の村々の物資の集散地として栄えた御《み》船《ふね》の町にかかる眼鏡橋（九二頁）を撮っている。

宮本は『私の日本地図11・阿蘇・球磨』のなかでこの橋にふれ、この町の南のはずれ、御船川にかけられた石橋が眼鏡橋で、地元では目鑑橋と書いている、川幅がひろいのでアーチが二つになっており、真中に橋脚が一つある、優雅な感じのする橋であると述べたあと、この橋をつくった苗字をもたない石工たちの名前をひとりひとり書きとめている。橋や道は民衆がつくるものであって、権力者がつくるものではない。そこには、宮本のそんな思いが込められている。

宮本の故郷、周防大島に沖家室《おきかむろ》島という小さな属島がある。かつては本島との間をポンポン船で行き来しなければならなかったが、宮本の尽力により、宮本の死後二年目の昭和五十八年に、全長三七五メートルの橋が架かった。橋のたもとには、自然石の碑があり、そこには「此の橋全国同胞の協力によってできました 感謝します」という、宮本が沖家室島民にあてた手紙の一節が刻まれている。

村から消えた「村の子」

瀬戸内海のほぼ中央にあり、ミカン、レモンなどの果樹栽培が盛んな広島県豊島《とよしま》（現・呉市）にも、宮本はたびたび行っている。昭和三十二年八月に渡ったときには、藁葺き屋根の旧家を訪ね、西日本には珍しいツグラを撮っている（九八頁）。ツグラとは藁製の保育用具で、土地によってはイジミともエジコとも呼ばれる。

〈縁にはツグラがおかれていて、赤ちゃんが母親たちの作業を見ていた。子供をこうしたツグラにいれて育てる風習は東北地方に一般に見られる。そこではエジコ・エズメなどと言っている。昔は藁などでつくったものが多かったが、最近は桶型や籠型のものも見られる。ツグラは西日本ではほとんど見かけない。しかしここで見かけたことは、この家が旧家であり、古い伝統をのこしているためであろう。日本にはゆりかごというものはなかった。子供たちはツグラの中か子守の背中で大きくなっていったのである。うば車出現以前の古い育児法がここに生きていること、そして、このようにして母親の手をとらせぬように工夫して、親は働いたのである。日本農民の辛棒づよい性格は幼少の日をこうしたいれものの中で母親の来るのを待ちつづけたようなことからきているのではないかと言った先輩もあったが、あるいはそうであるかも知れない〉（『私の日本地図6・瀬戸内海Ⅱ／芸予の海』）

宮本には子どもの世界を描いて心にしみいる哀切な作品がいくつもある。

子どもの頃、宮本は祖父の深い愛情につつまれて育った。宮本が五、六歳の頃、山奥の田んぼのほとりの小さな井戸に亀の子が一匹住んでいた。あるとき宮本は、亀の子がいつまでもこんなにせまい所に閉じこめられていてはかわいそうだと思い、祖父に頼んで井戸からあげてもらい、縄にくくって家にもって帰ろうとした。

ところが田んぼの畔道を歩いているうちに、だんだんと亀の子が気の毒になってきた。見知らぬ所へ連れて行かれたらどんなに淋しい思いをするだろう。そう考えはじめると、たまらない気持ちになった。宮本は亀をさげたまま、突然、大声をあげて泣きだした。いま来た田んぼのほとりまでくると、野良仕事をしていた祖父は宮本をやさしくいたわりながら、「亀には亀の世間があるからのう」といって、亀を元の井戸に戻した。

これは「私の祖父」(『忘れられた日本人』所収)のなかに出てくる挿話だが、「亀には亀の世間があるからのう」という祖父の言葉には、生きとし生ける者に注がれた無限のいつくしみがある。

これには後日談がある。亀はその後大きくなって、井戸から出され、近くの谷川に放された。三十歳になった頃、宮本がたまたま故郷に戻ると、その亀はいつまでも、のこのこと宮本のあとを追って離れようとしなかった。

「萩の花」(『宮本常一著作集第六巻・家郷の訓・愛情は子供と共に』所収)も胸しめつけられる作品である。昭和二十一(一九四六)年十月、宮本は生まれたばかりの次男を生後五十日で失った。宮本はわが子の発病も死も、旅の空で知った。

〈家にかえったのは五日の夕方四時頃であった。表の間には枕蚊帳が張ってあった。入口を入ると、子の母は「まア」と言ったきり何も言わなかった。私はすぐ靴をぬぎ、座敷に上って蚊帳をとった。

子の頭は湿布で包まれており、顔は真赤で、はれてつぶれそうになった右の眼には眼脂がいっぱいたまっていた。日ごと夜ごと泣いたのであろう。左眼をかすかにあけて天井を見ていた。私はせきあげてくるものをおさえきれなかった〉

宮本は山の墓地にある牛荒神に参り、あたり一面に咲き乱れている萩の一枝を折って供えた。そしてまた旅に出かけた。それから一週間もたたないうちに、わが子の死を知らせる電報が届いた。

家に帰ると、葬式の準備中だった。白い布をとり、額に手をあててみると、水のように冷たかった。宮本はその前で、しばらく声をしのばせて泣いた。

〈日がおちてから家の者たちと火屋を拝みに行った。火葬場は野天に掘った穴であって建物も何もない。そこで夕飯の後に死骸の焼具合を見に行くのを例としており、これを火屋を拝みに行くと言った。もう暮れてしまって、西の空には明星がかがやいていた。火屋の近くに来てもあたりにうつろう火影は見えなかった。たいていの場合であれば、火が周囲の松を明るく照らしているものである。
焼けなかったのであろうかと思って近よってみると、もう燃えおちてしまって今は内臓のあたりの燃えるらしい音がきこえた。（中略）子の母は穴のふちにつかまって火の色を見つつ泣いていた〉

この作品の最後近くで、宮本は幼い長男と長女の将来に思いを馳せるように述べている。

〈一の子も二の子も、終日遊びほおけて他をかえりみることがない。一の子は学校へ行っておりながら、本などひろげてよんでいるのをついぞ見たこともない。鞄は家のあがり口においたままで学校からかえったら遊びに行く。時には勉強もしてみるようにすすめてもみるが強く言ったことはない。成績の優秀を争うような子にしたくないし、長じて幼時の追憶の限りなくたのしくかつその思い出によって自らの生命力を新たならしめるようにさせたいと思う〉

大阪の小学校教師時代、宮本はよく子どもたちを野外授業に連れ出した。そして決まってこんな話をした。

「小さいときに美しい思い出をたくさんつくっておくことだ。それが生きる力になる。学校を出てどこかへ勤めるようになると、もうこんなに歩いたりあそんだりできなくなる。いそがしく働いて一いき入れるとき、ふっと、青い空や夕日のあたった山が心に浮かんでくると、それが元気を出せるもとになる」

宮本が旅の先々で撮った村の子どもたちの写真を見ると、その言葉をそのまま子どもたちに語りかけているようである。宮本は種子島でも青森でも瀬戸内海の小島でも、子どもたちのいきいきとした表情を忘れずカメラにおさめた。

昭和三十四（一九五九）年七月二十七日、佐久間ダムに近い静岡県水窪《みさくぼ》で撮られた写真（一〇二頁）は、宮本が静岡県の林道調査に出かけた際のものである。

暑い夏の日盛りのなか、九人の子どもたちが半ズボン、ランニング姿で、輝くような笑顔を浮かべている。なかには上半身裸の子どももいる。靴を履いている者より草履ばきが目立つ。

都会ではもう豊かな生活がはじまりつつあったが、地方の片田舎ではこんな粗末な服装の子がまだあたりまえの時代だった。だが、そこには貧しさゆえの卑屈さのようなものはみじんも感じられない。未来を信じきった子どもたちの笑顔は、見る者の気持ちを幸福感でいっぱいにする。それはこの子どもたちが個々ばらばらでなく、地域というものと確固たる紐帯《ちゅうたい》で結ばれていたからであろう。彼らは家庭の子であると同時に、というより、それ以上に、村の子であり、社会の子であった。

「子供の世界」(『宮本常一著作集第六巻』所収)という、宮本の文学的資質の高さを示す作品がある。この作品は、次のような印象的な挿話からはじまっている。

〈かつて小さい子が川にはまって死んだことがあった。まだ学校へも行かない幼い子で、友達と野へ花をつみに行っての出来事だった。子がいなくなって気違いのようにさがし求めた親はたそがれのうす明りに、冷くなったわが子の姿を川の中に見出した。手には未だ摘み持った紫雲英《れんげ》があったという。

静かにとじた童女の眼は糸のように細く、別に苦悶の色も見えず、何物かを夢みているようであったという。その母があわれがって、子のために巫女にその霊をおろしてもらうと、子供は水中に美しい花のさいている幻を見て、それをとろうとして水にはまったのだという。そして今は極楽の蓮花さく園にあそんでいるとのことであった。それは巫女の口寄せの常套の文句であったが、少年の頃これをきいてあわれを覚えたことがあ

る〉

宮本はそのあと、「もとは神かくしがあると、人びとが総出して鐘や太鼓をたたきつつ、かえせ戻せと野や山をよびあるく風があった」と述べている。

この作品の解説（『ちくま日本文学全集　宮本常一』）を書いた石牟礼道子は、この文章にふれ、行方不明の子どもの身柄だけではなく、ぬけ出してしまういたいけな魂を、村の総力をふりしぼりながら呼ばわっていた時代の心は、いまや忘れ去られたのである、と記し、こうつづけている。

〈「かえせ戻せ」と村人たちが共に呼ばわってくれた声は親兄弟の耳に永く残り、家の子というだけでなく、村にとっていかに大切な子であったかを、おのおのの胸に言い聞かせたのである。

今でもたとえば「人間を返せ」という言い方もあるが、事柄の重要さは埋没して心にひびかない。宮本氏の記述が生きて胸に迫るのは、そこに村があり、「人びとが総出して鐘や太鼓をたたきつつ、かえせ戻せと野や山をよびあるく」世界があるからである〉

石牟礼のいうように、村の解体によって、個人の内部も意識の分裂を余儀なくされ、語る言葉から言霊《ことだま》は失われた。

宮本はことだてて特異な情景を写しとっているわけではない。洗濯物にしろ、女たちの働く姿にしろ、茅葺きの民家にしろ、子どもたちの笑顔にしろ、どこにでもあたりまえに見られたごくありふれた情景ばかりである。それが四、五十年たらずで、ことごとくこの地上から消滅してしまった。われわれが宮本の写真に懐かしみを感じると同時に、ある切なさがこみあげてくるのをおぼえるのは、おそらくはそのためである。

宮本の写真には、高度経済成長とひきかえに失われてしまった昭和という時代の豊かさと幸福が、鮮明な像を結んでいる。そしてそれは、貧しさという時代表層を越えてなお、見る者の胸に静かに迫ってくる。

「新しくたずねていったところは必ず高いところへ上って見よ」とは、宮本が父・善十郎に教えられた言葉である。方向を知り、お宮の森やお寺や目立つものを見、家や田畑のあり方を見、周囲の山を見る。これが一つの村を知るためのコツであった。愛媛県大三島・井ノ口。昭和36年8月22日

洗濯物

洗濯物を見るとその土地の生活が見えてくるという。
この時代に、布、そして、あらゆる物がいかに貴重なものであったかということが
洗濯物から見えてくる。
衣類はほとんどが手縫いで、既製服を見ることは少なかった。

②

③

④

⑤

①

①洗濯物を干す。福岡県藍《あいの》島《しま》。昭和37年10月　②洗濯物。広島県。昭和42年12月　③つぎだらけの布団。新潟県佐渡・真《ま》更川《さらがわ》。昭和34年８月　④雑巾。新潟県佐渡・願《ねがい》。昭和34年８月　⑤納屋の軒下に干された洗濯物。鹿児島県山川。昭和37年６月

背負う・かつぐ

運搬手段がまだ発達していなかった頃、
人びとは物を運ぶためにさまざまな工夫を凝らした。
背負うことで、身体のバランスは保たれ、両手は自由になった。
天秤棒で物を運ぶときには、両方の重さを均等にすることでバランスを取った。

①

②

③

④

①道路工事の砂を運ぶ女たち。新潟県佐渡・松ヶ崎。昭和34年８月　②ワサビを背負う。島根県。昭和30年８月　③女のかつぎ屋（中央）。背負えるだけの荷をかついで行商に行く。秋田県上小阿仁。昭和30年11月　④縄籠《おいこ》を背負う。山口県相島。昭和36年８月

①

②

③

④

①肥桶《こえおけ》を背負う。新潟県佐渡。昭和40年２月　②荷を背負って雪道を行く。広島県豊松。昭和40年12月　③物の運び方として頭上運搬は世界中で見られる。鹿児島県坊津《ぼうのつ》町坊。昭和35年４月　④やかんを提げての頭上運搬。鹿児島県種子島・中種子。昭和37年６月10〜11日

①

②

③

④

①天秤棒をかつぐ物売り。長崎県平戸。昭和36年９月17～18日　②天秤棒で野菜を運ぶ。鹿児島県蔵之元。昭和35年４月22日　③天秤棒で運ぶ。鹿児島県。昭和37年６月15日　④天秤棒で運ぶ。福岡県。昭和37年８月26日

田畑の仕事

農家の一年は稲作を中心にいとなまれている。春の代掻《しろか》きから、秋の収穫、脱穀、出荷まで、休む暇もなく働く。

①

②

①牛で田を鋤《す》く。山口県周防大島。昭和34年６月　②リヤカーで苗を運ぶ。熊本県五木。昭和37年６月　③田植え。手作業での田植え仕事は共同作業である。熊本県五木。昭和37年６月　④田植えの休憩。山口県周防大島。昭和32年４月28日　⑤畦《あぜ》に植えられた大豆。田崩れを防ぐためや限られた耕地を利用しての自家食用として大豆を植える。新潟県佐渡。昭和34年８月８日

③

⑤

④

①

②

①稲刈り。長崎県的山《あずち》大島。昭和34年10月　②棚田の稲干し。稲の干し方、ハサの形は地方によって異なる。静岡県伊豆。昭和35年10月28～29日　③稲を干す。刈り取られた稲はハサに掛けられる。和歌山県。昭和35年９月26日　④脱穀作業。山口県周防大島。昭和31年

③

④

①藁《わら》を干す。脱穀後の藁は、草鞋《わらじ》や縄などの材料となる。山口県見島。昭和37年８月29～30日　②リヤカーで藁を運ぶ。山口県見島。昭和36年９月　③米の供出。供出とは、戦時体制下に、政府が民間からの食料・物資などを一定の価格で半強制的に売り渡させたこと。米は、制度的には昭和17年、政府の管理下におかれ、実質的には昭和30年まで続いた。宮城県栗駒。昭和30年11月

①

②

③

運ぶ

自動車が普及する以前には、牛馬が貴重な動力であった。背に荷をつけた牛馬は、坂道や階段、細い道も平地と同じように行き来できた。

①

②

①対馬(対州)馬。対馬馬は離島で生き続けてきたため小型で、体高は140cm程度である。長崎県対馬・佐護。昭和38年11月11～13日　②牧草を運ぶ馬車。熊本県。昭和35年11月３日　③肥後牛で堆肥を運ぶ。熊本県小国町杖立《つえたて》。昭和35年11月

③

村落の仕事

干した藁《わら》を利用しての草履《ぞうり》や草鞋《わらじ》作り、縄をなうのは副業として行なわれた。穀類や野菜は天日干しすることによって、貴重な保存食となった。

①草履作り。新潟県佐渡・小野見。昭和35年8月26～27日　②縄をなう。香川県高見島―岡山県下津井。昭和32年8月30～31日　③大豆たたき。乾燥させた豆殻をたたくと、サヤから豆が飛び出てきた。愛知県佐久島。昭和32年7月

①

③

①

②

③

④

①ビニールをかぶせた苗床。ビニールが促成栽培を可能にした。しかし、それは食物が旬を失う契機ともなった。福島県。昭和39年4月　②蚕室造りと桑畑。日本の近代化を推進してきた養蚕業も、この時期を境に衰退へと向かう。群馬県。昭和40年4月　③蜂の巣箱。島でミカンを作り始めたら養蜂家が蜂の巣を持ってきた。山口県周防大島・外入。昭和40年2月　④ミンクの飼育小屋。ミンクの毛皮は美しく丈夫なことから珍重され、漁民の副業として飼われた。北海道利尻島。昭和39年8月3～6日

女の世間

暮らしを支えるための基本は水の確保にある。
主婦や子どもの一日は、水汲みに始まり、炊事、洗濯と続く。
主婦たちの集まる井戸の周りでは、文字通りの「井戸端会議」に花が咲いていた。

②

①川原で洗濯機を使う。洗濯機を購入したものの、水道の引かれていない地域では、水の確保に苦労した。大分県森─中津。昭和33年７月　②共同洗い場。流れの上流で食物を、下流では衣類を洗濯した。長崎県対馬・厳原《いづはら》。昭和37年８月　③筧《かけい》をひいて野菜を洗う。山口県周防大島。昭和31年11月　④舟の洗い場。新潟県。昭和31年３～４月

①

④

③

①

③

②

④

①道を挟んでの釣瓶《つるべ》井戸。新潟県佐渡・松ヶ崎—柿野浦。昭和34年8月12日　②筧で水を引いて溜めた水槽。青森県下北・尻屋。昭和39年4月14～16日　③車井戸。滑車の溝に綱をかけ、その両端に桶をつけて水を汲む。山口県見島。昭和36年9月2日　④囲炉裏《いろり》。囲炉裏を囲んで一家の団欒があったが、横座(主人の席)、カカ座(主婦の座)などと席次が決まっていた。山口県見島。昭和35年8月　⑤柄杓《ひしゃく》で水を汲んで飲む。鹿児島県長島。昭和38年3月11日

⑤

願いと祈り

村のさまざまな年中行事は、稲作を中心に行なわれてきた。五穀豊穣を願い、災いが村や家に入ってこないように祈る真摯な行事は、素朴な形でいまに続くものもある。

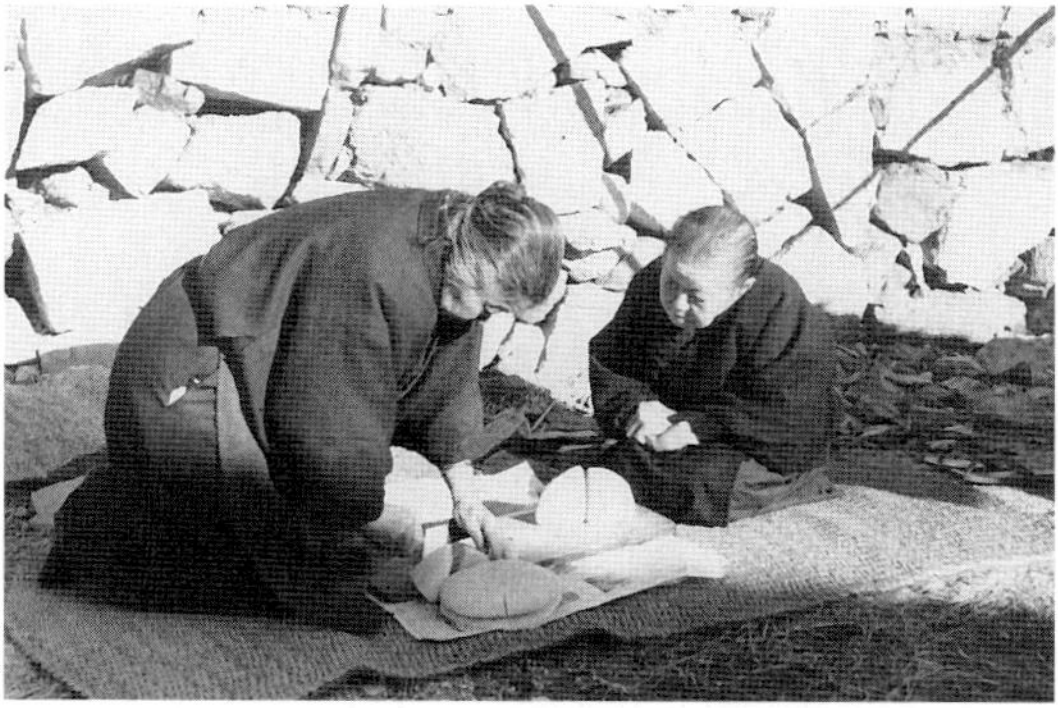

①

②

③

④

①餅を切る老女。山口県周防大島。昭和35年１月　②女の餅。搗《つ》いたときに臼に少しずつ残る餅を、藁《わら》につけておいて女だけで食べる。新潟県佐渡・真更川《まさらがわ》。昭和34年　③箕《み》に鍬を乗せ、その上に一升枡《ます》、そして鏡餅を供える。山口県浮島《うかしま》。昭和33年２月（旧正月）　④木の上の大草鞋《わらじ》。災いが村に入ってこないように、若者が毎年正月に村のはずれに吊りかえる。新潟県佐渡・倉谷。昭和41年３月

①

②

③

④

①②入口の魔除け。新潟県佐渡・真野。昭和34年８月11日　③節分の門守り。柊《ひいらぎ》と鰯《いわし》の頭を戸口に立て、鬼打豆と称して炒った大豆をまく。山口県浮島。昭和33年２月28～３月２日　④御供米を入れ、注連縄《しめなわ》を結った桶。山口県久賀《くか》。昭和35年１月

①

②

①井戸と神。長崎県壱岐・元居。昭和37年８月　②賽銭樽《さいせんだる》。商売の神様胡子《えびす》神社の大祭に使われている。広島県。昭和36年11月20～26日　③地蔵。大分県姫島。昭和41年８月　④石囲いの墓地。海岸沿いに丸い石で作られている。山口県見島。昭和36年９月

③

④

草葺きの家

日本の農家では、草葺きの屋根が多かった。
その耐久年数は、茅で三十〜四十年、麦藁で十〜十五年とされた。
屋根を作ったり、直したりの作業は、村人の協力のもとに行なわれていた。

①

②

③

④

①煙出しがついた屋根。長野県。昭和37年７月13日
②ロープを張った屋根。長崎県青島。昭和36年９月
③民家。広島県の芸備線沿線。昭和39年３月　④共
同で屋根を葺く。山梨県上野原。昭和42年１月

橋

川に石を並べた最も簡単な橋から鉄骨製の橋まであるが、日本の古い橋はほとんどが木の桁橋であった。橋は集落と集落、やがて島と本土、島と島の距離を縮め、人びとの暮らしを大きく変えた。

①

②

①使わなくなった筏《いかだ》を利用した橋。長崎県対馬・佐護川。昭和38年11月11日　②吊り橋。青森県下北。昭和39年7月28〜30日　③川の踏み石。柳井川は潮がひくと、川床に並べた石が現われる。山口県柳井。昭和38年10月15〜17日

③

①

②

①個人宅に架かる橋。宮城県岩ヶ崎。昭和37年7月15～16日　②眼鏡橋。嘉永元(1848)年に架設された。熊本県御船《みふね》。昭和35年10月　③川に架かる桁橋。長野県下伊那郡和田。昭和38年7月8～10日

③

共同の仕事

村人が共同でする作業は、ユイ、モヤイ、スケなどと呼ばれ、家普請、道普請、山林の管理、用水の保全はもちろんのこと、火災や洪水などの非常時にも見られた。村全戸の平等負担であった。

①

②

①地突き。長崎県的山大島。昭和36年９月18日
②護岸工事。新潟県佐渡。昭和41年３月　③耕地改良工事。新潟県佐渡。昭和41年３月　④共同の屋根葺き。山形県庄内—新潟県村上。昭和41年９月

③

④

村の大人たち

田畑の仕事は労働時間が長いので、一休みは「タバコ」ともいわれ、楽しいひとときであった。農業に定年はなく、寿命が続くまで働いた。

①

②

①刻み煙草を煙管《きせる》につめて、ちょっと一服。山口県見島。昭和35年８月　②84歳女性の野良着姿。山口県大島。昭和32年　③一休み。今では見ることもまれなフンドシ姿の人もいる。佐賀県。昭和37年８月　④紋付の普段着を着た老人。長崎県小値賀《おちか》町・六島《むしま》。昭和36年４月

③

④

村の子どもたち

乳児はツグラに入れられるなどして育ち、やがて年長の子どもと遊ぶようになる。その遊びを通して仲間意識を育て、村の担い手になっていく。

①

②

③

④

①ツグラに入った幼児。ツグラは本来藁《わら》で編んだものだが桶型や籠型のものもある。広島県豊島《とよしま》。昭和32年８月27日　②子どもの遊び場。香川県直島。昭和37年11月14〜15日　③砂遊び。青森県桑原。昭和38年８月14〜16日　④将棋で遊ぶ。山口県見島。昭和36年９月

①

①おしっこ。ミミズにおしっこをかけるとオチンチンが腫れるといわれたものだが……。山口県大島。昭和35年９月　②雪と子ども。新潟県山内。昭和40年２月　③子守。子どもの大きな仕事。鹿児島県。昭和39年５月14日　④蝗《いなご》を売る。蝗をとってくるとお金がもらえた。現在も珍味として、地方の土産物にもなっている。愛知県名倉。昭和31年９月　⑤畑を打つ。山口県大島。昭和35年１月８日

②

③

④

⑤

①

②

①「村の子」の記念写真。静岡県水窪《みさくぼ》。昭和34年７月27日　②入植者の家族。昭和26年、39戸の入植に始まったが、55年には無人島に戻ってしまった。鹿児島県馬毛《まげ》島。昭和41年４月

第二章　島と海に見た貧しさと豊かさ

海とともに暮らせた時代

宮本ほど日本の離島を訪ね歩いた男はいない。これほど離島に足跡を印した男は、たぶん今後も出てこないだろう。

宮本が離島の問題に関心を開かされたのは、自分自身が瀬戸内海の離島育ちだったという出自のせいである。しかし、離島問題に本格的に取り組むきっかけとなったのは、これまで何度かふれてきた昭和二十五（一九五〇）年の対馬調査だった。

その旅のすさまじさから、宮本は頑健な肉体の持ち主だったと想像されがちだが、実は病弱といってもいい体質だった。大阪の小学校教師時代は肺結核で死にかかり、故郷の島で二年あまりの長期療養をしなければならなかったし、その後も、胃潰瘍や十二指腸潰瘍、リンパ腺が化膿して死線をさまよったことがたびたびあった。

対馬調査のときも結核はまだ完治しておらず、当時、結核の特効薬といわれたパスを飲みながら、四十日以上にわたる強行軍をこなした。今でこそ対馬首邑の厳原と北端の比田勝《ひたかつ》を結ぶ対馬縦貫道路が開通しているが、宮本が調査に入った当時の対馬の道路状況は、極端にいうなら、古代対馬のもようを記した『魏志倭人伝』のなかにある、「居《いた》る所絶島、方四百里ばかり、土地は山険しく、深林多く、道路は禽鹿の径の如し」という記述とあまりかわらない状態だった。

そんな道なき道を宮本はパスを飲みながら歩き、夜の十時、十一時まで村々を聞きとりして回った。時にはそのまま宿にも帰らず、艦砲射撃の音が間近に聞こえる夜の山道を懐中電灯一本もっただけで山越えした。この当時、対馬と指呼の距離にある朝鮮では内戦の火ぶたが切られていた。

宮本らの尽力で離島振興法が成立するのは昭和二十八年七月である。だが、その萌芽は、このときの対馬調査のなかにすでに胚胎《はいたい》していた。道路事情は決定的に悪く、電灯のついていない集落も半分以上あった。宮本が全国離島振興協議会の無給の初代事務局長となり、「光と水」つまり電気と水道の普及をスローガンとして掲げたのは、そのためだった。そこには島の貧しい暮らしを何とか豊かなものにしたいという、宮本のほとばしるような思いがこめられていた。

宮本が離島を語る文章のなかにはしばしば「憤りをおぼえる」「黙殺されつづけた」という言葉が出てくる。「日本の離島」（『宮本常一著作集第四巻』所収）には、こんな絶叫に近い言葉もある。

〈島に人が住みついたのはロマンティシズムや酔狂ではなかった。止むを得ずそこに住んだのである。止むを得ずすまわせたのは政治の中に多くのいたらなさがあったからである〉

宮本が離島の貧しさをつくづく実感した対馬の立ち遅れも、この島が長い歴史のなかで国防の島として封鎖されつづけてきたことに大きく起因していた。

昭和二十七年の五月から六月にかけ、宮本は西海国立公園指定問題の調査のため、長崎県の五島列島を訪ねている。宮本はこの旅で、宇久島、小値賀《おぢか》島、中通島、若松島、福江島など五島列島の主要な島々を歩き、五島列島から南に約七十キロ行った東シナ海に浮かぶ男女群島まで足をのばした。

宮本が撮影した大敷網漁《おおしきあみ》（一二四～一二五頁）は、福江島南端の玉之浦で撮られたものである。大敷網漁とは定置網漁の一種で、江戸時代以前から行なわれていたが、明治以降、急速にすたれた古い漁法である。

〈この湾はいままるで眠ったように静かに水をたたえ、両側の山のみどりと、空の青さをうつしているが、もとは魚の巣であった。マグロやブリが北の口から入込んで来て、奥までゆくとゆきずまりになっているので、またひきかえしてくる。入る魚と出る魚が行きあうと白波をたてピシッピシッと鰭《ひれ》をふる音がひびき、海水がもりあがる。時に何万という大群が入って来ると地ひびきしたものだそうである。そういうことをかすかにおぼえている人もある。

玉之浦の町のすぐまえに島山島という島がある。その島の北端に近いところに昼寝ガ浦というところがある。建網を張っておくと昼寝をしても魚がかかったものだそうである。

昭和二十七(一九五二)年に玉之浦へいったとき、その昼寝ガ浦のさきの、平瀬に入れてある大敷網の網おこし(網をひく)を見に行ったことがある。ここの大敷網には昔は何万本というほどブリののったことがあるそうだが、私の見にいったときは一〇〇本にもたらぬ漁だった。いつの間にか魚があまり寄りつかぬ海になった〉(『私の日本地図5・五島列島』)

宮本は北海道の利尻島でもコンブ採りの漁を撮り（一二五頁）、能登半島の北約四十八キロの日本海に浮かぶ孤島の舳倉《へぐら》島でも、海岸に乾してある捲網（一二六頁）を撮っている。これは、舳倉島の漁師が和歌山から習ってきた漁法だという。

三浦半島ではイワシを干す風景（一二八頁）を写し、玄界灘に浮かぶ福岡県藍島ではタコツボ（一二七頁）に目を向け、山形県酒田の北北西約四十キロの海上にある飛島ではテングサを干す風景（一二九頁）を撮っている。三回目の五島列島訪問となる昭和三十七年八月の旅では、宇久島でアワビとりの老漁師を撮影している（一二七頁）。宮本は前掲の『私の日本地図５・五島列島』のなかにもこの写真を載せ、次のようなキャプションをつけている。

〈海人岩本五郎翁は八〇歳をこえても頑丈そのもの、まだ海にもぐって生計をたてている。うたが実にうまい。音量もゆたか、太鼓をたたくとバチさばきは実にあざやか。なにもかも達人という感じがする。そのもぐるところも見せてもらった〉

大分県国東半島の沖合い約五キロの周防灘に浮かぶ姫島では生簀《いけす》（一二五頁）を撮影し、青森県下北半島ではスルメ干しの風景に目をとめ（一二九頁）、故郷の周防大島では真珠貝に付着したフジツボのかきおとし（一三〇頁）や、枝条架《しじょうか》とよばれた製塩装置（一三一頁）を撮っている。枝条架とは、流下式とよばれた塩田で濃縮した海水を竹の枝にそそぎ、それが風や太陽熱で徐々に水分が蒸発していくことを利用した装置である。その製塩法は昭和四十七年、塩田が完全に消滅する直前まで主流の製塩方法だった。

また、盆帰りで満員の渡船風景（一三三頁）にもシャッターを切り、父の教えを守るように、船の荷物にも注目している。山口県萩から沖合い約四十五キロの日本海海上の孤島、見島に向かう定期船の荷物を撮った昭和三十六年九月撮影の写真（一三三頁）には、ビールの入った木箱が多数写っており、この頃から島でビールの消費が盛んになったことがうかがえる。

その一方、漆喰《しっくい》で止めた瓦屋根（一三六頁）、屋根の上に石を乗せた民家など島特有の建築様式（一三七頁）や、海中を覗く箱メガネ、モリなどの漁具（一三八頁）にも丹念にカメラを向けている。

これらの写真はいずれも、宮本の海に対する並々ならぬ関心の高さと深さを示している。

宮本には「対馬漁業史」（『宮本常一著作集第二十八巻』所収）という著作もあり、そこには、釣り針など対馬で使われた漁具の変遷が詳細に記述されている。これは、『女の民俗誌』の解説のなかで谷川健一も書いていることだが、宮本はたった一本の釣り針の変化が漁法全体をかえていくことを、いくつもの文章のなかで紹介している。

谷川は述べている。

〈こうしたことは一見些細なことのように見えるが、政権の交替以上に重要なことであることを、私は理解した。これは、唯物的な考え方であるのに、唯物史観に立つ人たちは、どうしたことか見逃しているのだった。地方の生活史といえば、せまい範囲にとどまるのがふつうであるけれども、庶民の行動の輪が意外にひろがっていくさまを、宮本氏は生き生きと描いていた〉

過疎化前の島のたくましさ

宮本の生まれた周防大島は、急傾斜地が多い上、川らしい川がなかったため、昔から米はほとんどとれなかった。十八世紀初頭にサツマイモが栽培されるようになると、島の人口は爆発的にふえた。だが、島の人口に見合うだけの農業生産とはならず、島外に出稼ぎに出るのがこの島の常態となった。明治に入ると、周防大島は全国でも屈指のハワイ移民送り出しの基地となった。戦前、この島の人びとの五分の一は、朝鮮、台湾、ハワイなどのいわゆる「外地」で暮らした経験をもっていた。その中心となったのが、属島の沖家室島に住む漁民たちだった。

宮本に「海ゆかば」という故郷の古老からの聞きとりに基づいたエッセイがある。ひとり乗りの小舟で大漁の魚を追って出かけた漁師が、朝鮮から中国の沿海、はてはインド洋にまで航海し、その地に腰を落ち着け、十数年後に帰ってきたときには、仏壇に自分の位牌がかざられていたという話である。

この島の漁民には、こうした海洋民的性格が元々そなわっていた。彼らはやがて、台湾、朝鮮、中国の青島《チンタオ》、そして遠くハワイにまで沖家室島の「分村」をつくった。

沖家室島は人口三百人たらずの小さな島である。その小さな島から、戦前、「かむろ」という情報発信マガジンが刊行されていた。大正三（一九一四）年に創刊された「かむろ」は、昭和十五（一九四〇）年まで百五十八号にわたって刊行された。「かむろ」には、ホノルル通信、ヒロ通信、青島通信、基隆《キールン》通信など、在外沖家室島民からの便りが毎号のように掲載されている。

彼らにとって、そしてその血を色濃く受け継いだ宮本にとって、海は人と人とを隔てる境界線ではなく、古くから人と人とを結びつけるかけがえのない交通の場だった。この視点は、渋沢敬三から見ていわば宮本の弟弟子筋にあたる網野善彦の歴史観にも通じる。

死のちょうど三年前に、網野を長時間インタビューしたことがある。そのとき網野は、遺言でも残すように、海から日本列島を見るという視点をいちばん強く教えられたのは宮本さんからだった、もし僕が渋沢先生と宮本さんに出会うことがなかったら、自分のいまの歴史観は間違いなく生まれていなかった、と繰り返し言った。

「海から見た日本」という問題意識は、晩年、宮本をとらえてはなさないテーマだった。宮本は最後の入院先となった病院のベッドに、二百字詰めの原稿用紙二千枚を持ち込み、日本列島に住む人びとの海を越えた文化の交流と伝播の歴史をあとづけようとする、壮大な構想に挑もうとしていた。それは宮本がこれまで乱雑に取り組んできた世界を再構築し、さらにそれを根本から問い直す仕事になるはずだった。しかし、病床には何も書かれていない原稿用紙だけが残った。

宮本が撮影した離島の写真からは、まだ本格的な過疎の波に洗われる前の島のたくましさも伝わってくる。それがいま、島に橋がかかり、交通が飛躍的に便利になって、過疎と高齢化の波が容赦なく島に襲いかかっている。宮本がかつて、日本の離島という離島に橋を架けたいという思いあまった言葉まで吐露したことを考えあわせるなら、それは皮肉というにはあまりにも痛切な現実というほかない。

自分が成立に深くかかわった離島振興法にふれ、宮本が言った有名な言葉がある。「離島振興法ができたから島がよくなるのではない。島がよくなろうとする時、離島振興法が生きるのである」という言葉である。その深々とした言葉も、いまはもうおそらく忘れ去られてしまったであろうことを思うとき、日本列島の上に流れた高度経済成長という時間の残酷さを思い浮かべないわけにはいかない。

補助金行政を超えた佐渡での試み

宮本が最も多く訪れた島は佐渡である。TEM研究所作成の旅譜によれば、宮本は昭和三十三（一九五八）年十月を皮切りに、死の二年前の昭和五十四年三月まで、ほぼ毎年のように佐渡に渡っている。十万点にのぼる写真を見ても、故郷の周防大島を除けば、佐渡の風物を撮った写真が群を抜いて多い。

宮本が佐渡でよく撮ったのは、海岸沿いに走る狭い道（六〇頁）や畑（一四二頁）、鎌倉時代の土木工事の名残りをとどめる土だけで土留めした畔道である。いまでは佐渡全島を一周する道路が整備されているが、宮本が頻繁に訪れた昭和三十年代には、道はいたるところで寸断されていた。とりわけ小佐渡南端の小木《おぎ》の海岸には道らしき道がなかった。宮本は昭和三十四年八月の旅で、小木岬突端の集落から海岸の岩を伝って隣の集落まで出ている。

佐渡の道が集落と集落がつながらず、途絶していることを知った宮本は、集落と集落をつなぐ周回道路をつくるべきだと各地で力説して歩いた。その道をつくることによって各集落の産業振興がはかれる、というのが宮本の考えだった。

これは、佐渡の道を自分の選挙区の新潟三区につながる海上の道と結びつけ、やがて東京と直結する道路を計画していた田中角栄とはまったく対照的な発想だった。離島を振興するには離島自体の内部からエネルギーを起こさなければならない。こうした宮本の考えとは正反対に、離島の後進性を解決するには道路で中央と直結するしかないというのが角栄の主張だった。

宮本は角栄の大票田の新潟県山古志《やまこし》村の調査に入ったことがある。山古志村は毎年五メートルもの豪雪を記録し、過疎化も著しい典型的な山村である。宮本がこの村を訪ねたのは、村が観文研に対し、再生のプランを求めてきたためだった。調査は昭和四十五（一九七〇）年九月にはじまり、その後七年間にわたって断続的な調査が行なわれた。

村長は一行を歓迎し、思う存分やってください、と言ったが、一つだけ釘をさした。角サンの悪口だけは言わんでください、という言葉が村長の口から出たとき、宮本が烈火のごとく怒って言った言葉を、観文研の元スタッフたちは今でもよくおぼえている。

「あの男が補助金行政をやればやるほど村は過疎になり、人びとの活力が失われるんじゃ。そのことがまだわからんのか」

調査中、たまたま集中豪雨による崖崩れがあった。その現場を宮本が見に行くと、倒壊した家から誰ひとり家財道具を運びだそうとしていない。聞くと、家財道具を持ち出せば、補助金が出なくなるという。宮本は山古志村でサイガイをサイガイにしてはいかん、と説いて回ったが、目の前にあるのは、まさにサイガイをサイワイにする角栄の補助金行政の現実ばかりだった。

宮本は五回目の佐渡訪問となった昭和三十八年十一月の旅で、キャベツ畑と柿林を撮っている（一四二頁）。場所は書かれていないが、おそらく、いまでは佐渡柿の特産地として全国的に知られるようになった、佐渡南端に近い羽茂《はもち》付近だろう。柿の木はまだ小さく、収穫をあげられるように育つまでキャベツ栽培で収入を得ていた様がよくわかる。

この柿は八珍柿《はっちんがき》ともおけさ柿ともいわれるタネなしの柿で、いまや佐渡の農業収入の稼ぎ頭となっている。八珍柿が佐渡でつくられるようになったのは古く、戦前の昭和七年のことである。杉田清という農業技術指導員が八珍柿の栽培を熱心にすすめたが、戦時中のブランクもあって、なかなか根づかなかった。それを今日の発展に導くために尽力したのが宮本だった。

宮本は「民俗学者」という一言ではくくれない多面的な顔をもつ男だった。宮本は離島振興に情熱を傾けるオルガナイザーでもあり、すぐれた農業技術指導者でもあり、地域芸能の発掘、育成を通して地域活性化をはかるプロデューサーでもあり、既成概念にとらわれない手づくりの組織で若者たちに生きがいを与えたユニークな社会教育者でもあった。

宮本は八珍柿による村おこしを情熱をこめて説く杉田にたちまち共感し、羽茂地区の集落で開かれる集会にはほとんど顔を出し、夜明けまで柿栽培の有用性を説いた。宮本は述べている。

〈人がいったん一つのことに前向きになると、すべてのものが前向きになっていく。農道の改修・耕地改良・海岸埋立・港湾改修・選果場改築・畜産増進・公民館建設・高校へ園芸科の設置など、町はめまぐるしく動きはじめたのである。そしてこの町では風景を見るためではなくて、この町の生きた姿を見るための訪問者が次第に増加しつつある〉（『私の日本地図7・佐渡』）

宮本と一緒に技術指導に歩いた羽茂の元農協職員に会って話を聞いたことがある。その職員がいうには、宮本は柿栽培の技術的な面についてはあまりいわず、とにかく人づくりです、人づくりができて、道づくりができる、道づくりができて、はじめて産地づくりができると、繰り返し力説していたという。

すべてコンピュータで管理された近代的な選果場を案内してくれたその元職員は、選果場のうしろを指さしてこうも言った。

「みてください。このうしろには港があります。港につながる道路があります。ここを訪ねてくる人はよく柿の生産高や生産額だけを尋ねられますが、大切なのは、宮本先生がいったように、柿が港をつくり、道路をつくり、地域をつくり、そして地域に住む人びとの自信をつくったことなんです」

貧しい集落にも生きていた相互扶助

佐渡の海岸に流れついたさまざまな漂流物（一四〇〜一四一頁）をカメラにおさめているところも、宮本らしい。とりわけ宮本の観察眼の鋭さを感じさせるのは、大佐渡北端の願《ねがい》から東に向かう内海府《うちかいふ》海岸の北小浦までの海ぞいの道を歩いているときに見つけて撮った流木の写真である。

宮本が向かった北小浦は、柳田国男が『北小浦民俗誌』で描いた集落である。同書は柳田が特定地域を記述した唯一の民俗誌だが、柳田自身は実際にこの地を訪れたことがなく、北小浦に関する記述も少ない。そこに、「白足袋」で旅したといわれる高踏趣味の柳田と、「地下足袋」で旅した宮本の大きな違いを見ることもできよう。

かかわった漂流物なら目をひかれることもあるだろうが、特別の意味があるとも思えない流木にシャッターを切る者はまずいない。しかし、その写真を注意深く眺めてみると、流木の上に小石がのっているのがわかる。宮本の解説を聞こう。

〈海ぞいの道ともいえないようなところをあるいてゆく。浜には流木がすこしうちあげられている。その木の上に石がのせてあるのが目につく。流れついたものにこうして石をのせておけば、それは私がひろったのですというしるしになる。（中略）

こうした習俗はどこにも見られる。それは全国にわたっている。石をのせた人は誰であるかわからない。もちろん木を失った人もわかってはいないけれども、こうして石をのせておけば、石をのせた人以外にその流木に手をかけたり持っていったりするものはなかった。そしてそのうちひろったものが持ってゆくことであろう。私はこのような習俗をおもしろいものに思う。しかもそういう習俗が全国にわたっているということである。

不文の約束ごとが守られることで民衆の社会は成りたつものである。人が人を信じられるのである。見知らぬ人をもそのことによって信ずることができた。さびしい海岸であった。人一人見あたらぬ世界である。しかしそこにも人の意志は働いている〉（『私の日本地図7・佐渡』）

宮本は何の変哲もなさそうにみえるたった一本の流木から、その海岸に面した佐渡の貧しい集落ではまだ共同体が崩壊せず、相互扶助の精神が生きていることを読み解いた。

宮本は昭和四十（一九六五）年夏からNET（現・テレビ朝日）で放送がはじまった「日本の詩情」というドキュメンタリー番組の企画監修を引き受けたことがあった。そのときのことを、この番組を製作したフリー映像作家の姫田忠義（現・民族文化映像研究所所長）は、宮本の没後、関係者の手でまとめられた『宮本常一――同時代の証言』（マツノ書店）のなかで回想している。

姫田が番組の冒頭に内容を的確に表わすナレーションがほしいというと、宮本は、手近の紙に、まず「自然は寂しい」と書きつけ、一呼吸おいてから「しかし人の手が加わるとあたたかくなる」と書き加えた。それでもまだ満足できなかったのか、宮本はさらにこう書いた。

「そのあたたかなものを求めて歩いてみよう」

宮本は「そのあたたかなものを求めて」日本じゅうを歩きつづけた。そして人の手の加わったあたたかな風景は宮本のカメラに写し撮られ、十万点におよぶまで撮りつづけられた。

海は人と人とを隔てるものではなく、むしろ人と人とを結びつけるかけがえのない領域としてあった。人びとの移動も、文化の交流も四周の海を通じて行なわれてきた。自ずと村落は海に向かって開かれていた。空から土庄の町を見る。香川県小豆島。昭和36年 8 月

海と海の仕事

沖で、岸で、くり広げられるさまざまな漁。
海を渡って漁法が伝えられ、海産物が運ばれた。
和歌山から石川に伝えられてきた捲網がある。
江戸時代以来、北海道で採れたコンブは、北前船で大阪に集積されて、
沖縄まで運ばれていた。

①ブリを獲る大敷網漁《おおしきあみ》。垣網と袋網とを組み合わせた定置漁は、江戸時代から続くもの。長崎県玉之浦。昭和27年　②生簀《いけす》。中に魚を入れ、短期間生かしておく。大分県姫島。昭和38年５月15〜16日　③漁港に浮かべられた生簀。熊本県。昭和39年５月14〜15日　④コンブ採り。今も昔も主要なコンブ生産地は北海道である。全国生産量のほぼ95％を占める。北海道利尻島。昭和39年８月３〜６日

②

③

①

④

①捲網を乾す。１枚の幅広い網を張り廻らし、魚の群れを追い込みながら網の裾を絞って捕獲する漁に使う。石川県輪島・舳倉島。昭和36年７月31日　②網をつくろう。山口県浮島。昭和36年10月18日　③タコ壺。福岡県藍島。昭和37年10月17～18日　④80歳を超えても元気にアワビをとる老漁師。長崎県五島列島。昭和37年８月

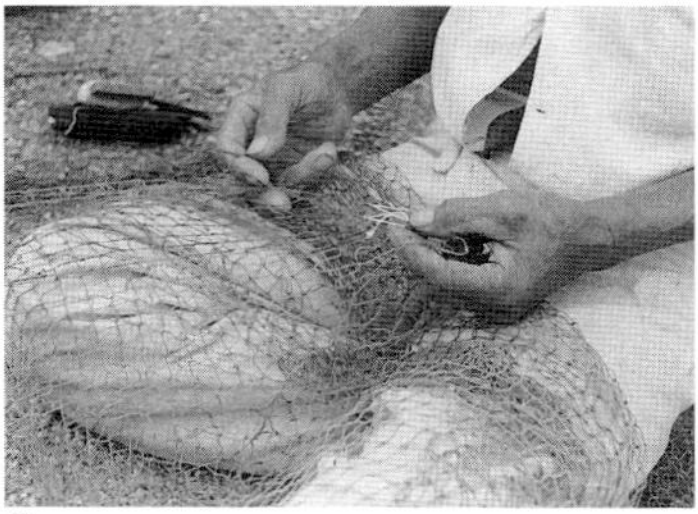

②

③

①

④

①

②

①イワシを干す。神奈川県三浦半島。昭和34年10月28～29日　②ノリを干す。長崎県的山大島。昭和37年１月10～11日　③スルメ干し。スルメの干し方は地方によって異なる。青森県下北。昭和39年８月10～14日　④テングサを干す。テングサはトコロテン、寒天の原料。とくに寒天作りは冬季の副業となる。山形県飛島。昭和38年８月　⑤干し場。大漁のときには捌き切れない魚を天日で干物にする。長崎県。昭和36年９月17日

③

④

⑤

①

②

①カキ殻。養殖カキ用の種カキは、カキ殻を連ねた付着器を海中に入れて、5〜8月に採取される。宮城県松島。昭和37年7月17日　②真珠の養殖。真珠貝を海から上げ、フジツボなどの付着物を取り除いて、再び海に戻す。山口県周防大島。昭和39年10月　③枝条架。濃縮した海水を枝条架の上端から滴下させ、太陽熱と風で水分を蒸発させる製塩装置。従来の製塩法に比べ人件費や地代は軽減された。山口県周防大島。昭和46年12月

③

運ぶ

昔から海は重要な交通路であった。
人も物も大量な輸送には海路が使われた。
しかし、高度経済成長を境に、鉄道や自動車による陸路にとって代わられた。

①

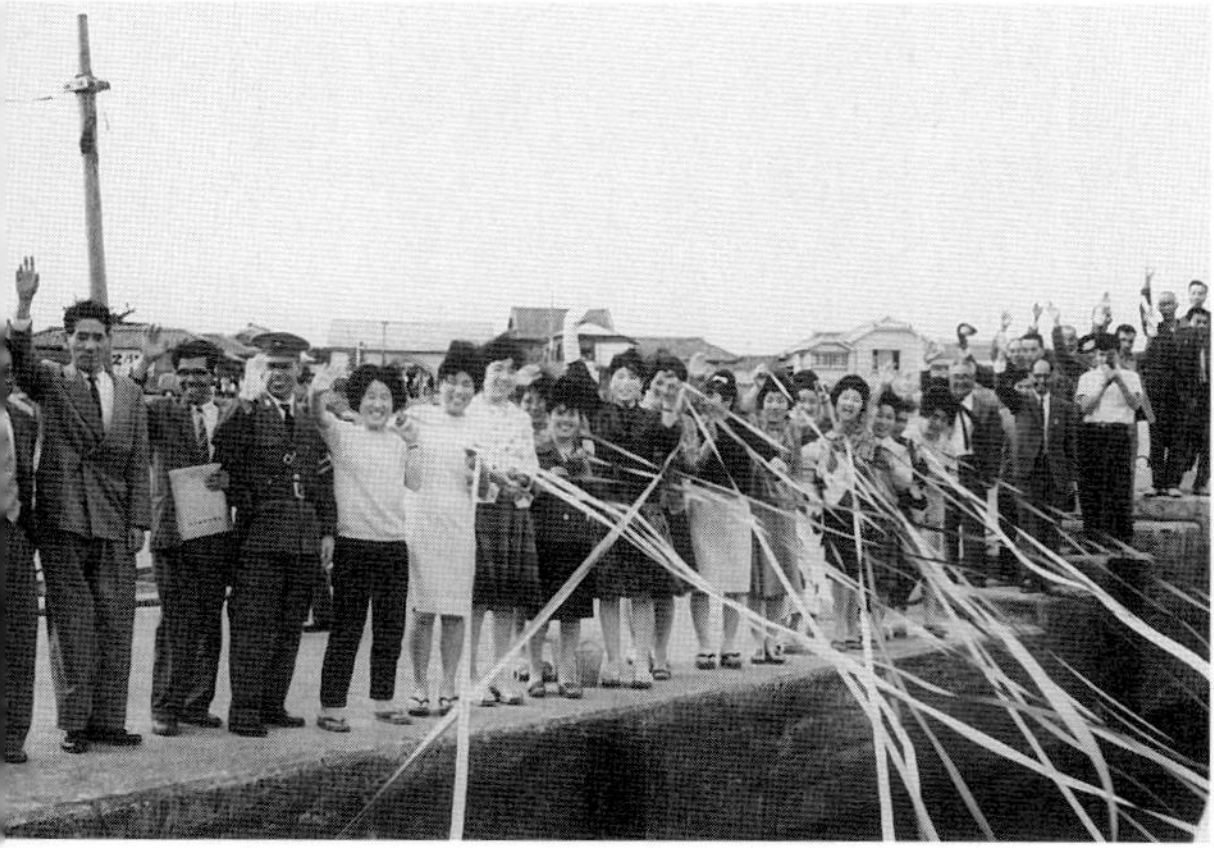

②

③

④

①通い船。山口県周防大島。昭和32年８月
②見送り。港では、テープで見送る光景がしばしば見られた。大分県姫島。昭和38年５月
③盆の里帰り客で満員の船。長崎県五島列島。昭和37年８月12日
④ビールなどの積荷で溢れる船の甲板。山口県萩・見島。昭和36年９月６日

入江に暮らす

男たちが漁に出かけている日中、浜辺にいるのは女、子どもと老人たち。入江にはのどかな風景が、人びとの表情にはくつろぎが……。

①

②

③

④

①船で遊ぶ子どもたち。幼い頃から海で遊んでいるため、海で溺れる子どもはいなかった。石川県能登。撮影時期不明　②麦藁で編んだ畚《ふご》をはさんでなごやかな親子。畚は、物を運搬するときに用いる籠。岡山県真鍋島。昭和32年８月　③朝市。朝市も情報交換の貴重な場。佐賀県。昭和37年８月　④道端で談笑する老人たち。山口県見島。昭和36年９月５～６日

海辺の屋根

海風は強く、軽い屋根はすぐに吹き飛ばされてしまう。
瓦の屋根とて保証の限りではない。
家を守るには、まず屋根の補強が必要であり、
屋根を押さえるさまざまな工夫がなされてきた。

①

②

③

④

①漆喰《しっくい》で止められた瓦屋根。手前の大きな建物は知的障害児のために建てられた「あけぼの寮」、左上の小さな平屋は小学校の分校。山口県情島。昭和34年４月24日　②板でしっかりと止められた杉皮葺きと洗濯物。東京都新島。昭和38年７月28日　③屋根に石を置いた海岸の家。夏場だけ使われた。石川県輪島・舳倉島。昭和36年７月31日　④横板でしっかり止められた板屋根。山口県周防大島。昭和31年11月

佐渡

宮本常一にとって、故郷の周防大島についで縁の深かったのが佐渡である。昭和三十三年十月にはじめて佐渡に渡って以来、毎年のようにこの島を訪れた。その足跡は佐渡国小木民俗博物館に残され、農業のプロとしての産業指導にも残された。現在、佐渡の産業を代表する「八珍柿」は、宮本の殖産奨励によって作られたものである。

①

②

③

④

①箱メガネ。新潟県佐渡・真野。昭和34年８月11日　②イソネギの道具。佐渡は岩礁性の海辺であることから透明度も高く、箱メガネで水中を覗きながら、モリやヤス、カギなどで魚を突いてとる。この漁法をイソネギ（ミツキ、カナギとも）という。新潟県佐渡・小木。昭和34年８月11日　③岩をくり抜いた生簀。新潟県佐渡・小木。昭和34年８月11日　④盥《たらい》舟《ぶね》。盥を舟に代用して漁を行なう。新潟県佐渡・小木。昭和34年８月

①

②

③

④

①石が置かれた流木。流木に石を置くことによって持ち主のいることを知らせた。新潟県佐渡・真更川―鷲崎。昭和34年８月７日　②流れ着いた藁馬《わらうま》。新潟県佐渡・岩首。昭和34年８月12日　③石が置かれた漂流物。新潟県佐渡。昭和34年８月７日　④流れ着いた精霊船の残骸。新潟県佐渡・岩首。昭和34年８月12日

①

②

①海岸の細長い畑。耕地の少ない島では、ちょっとした空き地も畑として利用される。新潟県佐渡・小木。昭和34年８月　②キャベツ畑と柿林。八珍柿《はつちんがき》栽培は、柿の生産だけでなく、出荷のための道路を作り、港を作り、町を作ることになった。新潟県佐渡。昭和38年11月30日〜12月２日

第三章　街角で聞こえた庶民の息づかい

師・渋沢ゆずりの細部へのこだわり

宮本の旅の大きな特徴は、一度歩いた土地を、その後の変化を見るため、二度、三度と訪ねていることである。鉄砲伝来で知られる鹿児島の種子島もそうした土地の一つだった。

宮本がはじめて種子島に渡ったのは、アチック・ミューゼアムに入った翌年の昭和十五（一九四〇）年の一月だった。宮本がアチックの民俗調査に参加するのは、前年十一月の中国山地の調査につづいて、これが二度目だった。

〈昭和十五年に初めて種子島へ渡ったときは八重嶽丸という小さな船に乗った。その二、三日前強い西風が吹いて大雪になり、鹿児島の町でも五寸ほど積り、種子島行の船も欠航していた。そんな後だったので船は超満員で、私など船室へ入れてもらえず、船艙の中に筵《むしろ》をしいて、横になった（中略）。

甲板には馬をたくさん積んだ。その馬が一夜中甲板を蹴っていた。船が鹿児島湾を出ると、横波をくらって大きくゆれ始めた。そして船の傾く方へ身体がずれる。どうしようもないほど苦しかったが、どうにもならなかった。乗っている人たちは枕もとの金だらいにげろげろと吐いた〉（『宮本常一著作集第三十五巻・離島の旅』）

宮本はそのあと、戦争に向かって一気に走りだした昭和十五年という時代の空気を感じさせる暗いエピソードを書きとめている。

宮本は種子島の表玄関の西之表の宿に泊まった夜、港の方から出征兵士を見送る歌が流れてくるのを聞いた。

〽わが大君に召されたる
いのちはえあるあさぼらけ
たたえておくる一億の
歓呼は高く天をつく
いざゆけ強者　日本男児

起きあがって宿のガラス障子ごしにのぞくと、港は出征兵士を見送る人びとで湧き立つようににぎわっていた。暗い海上には、見送りの人たちを乗せた何百もの小舟が群がり、赤いほおずき提灯をふりながら、出征兵士たちが乗り込んだ汽船のまわりをぐるぐると回っていた。汽船の上にも、岸壁にも提灯の波がゆれていた。

歌声は港をゆさぶり、一節歌いおわると、大声で万歳三唱が唱えられた。

そんな光景をぼんやりとながめながら、宮本は、どんなに囃したてられて出ていっても、その彼方には荒野の戦場があり、死と対決しなければならない世界がある、という感慨にしばしふけった。すると今まで酒を飲んで騒いでいた隣室から女を威嚇するような声が聞こえてきた。その様子から、見送りの群衆の警戒にあたっていた警官連中らしいことがわかった。どうやら、そのうちの一人が女を連れこんだらしい。

「署長に可愛がってもらうのは光栄ではないか。何をそんなに反対しなければならぬ」

「署長はこの町では一番りっぱな人だ。その人がおまえを好きだというのだ。これからどれほど可愛がってもらえるかわからぬ。それをどうしてイヤだというのだ。署長がきらいだというのか。きらいではない？　きらいでないのに何故いうことをきかぬ」

女の返事はなかった。

〈私は強い憤りをおぼえたが、隣の部屋に踏みこむ勇気もなかった。そして真実なるもの、かがやける人間の生命がそこでもここでも、正義や光栄を名にして踏みにじられ

ていくように思えた。隣の部屋が急に静かになった。女がうなずいたのか、それとも拒否が通ったのか〉

それから二十二年後の昭和三十七（一九六二）年六月に訪ねたとき、種子島の様子は一変していた。町はすっかりモダンになり、かつて自分が泊まった宿すらどこにあったか思い出せないほどの変貌をとげていた。二十二年前、種子島中央部の野間にあった中種子役場は、東映系の映画館にかわっていた。

昭和三十年代半ばといえば、日本映画界が全盛期を迎えた時代である。日本全国には現在の三倍近い約八千軒の映画館があり、年間の映画館入場者数は、人口のほぼ十倍に相当する十億人を突破していた。よほどの離島や僻村でもない限り、どんな町や村にも映画館の一つや二つはあった時代だった。

この時代、映画は間違いなく大衆娯楽の王様だった。そうした大衆のまなざしとシンクロするように、宮本は映画の看板やポスターを頻繁に被写対象としている（一六八〜一六九頁）。また街並みや、商店の軒先風景や商業看板、暖簾、掲示板にいたるまでよく目にとめている（一六四〜一六六頁）。そのなかでも、昭和三十二年八月、別府に近い大分県日出《ひじ》で撮られた「貸しカメラ　使用料一日¥１００」と書かれたカメラ屋の前の看板は、この時代の風俗を伝えてとりわけ貴重な一枚（一六六頁）となっている。

こうしたディテールにこだわる宮本の視点には、師匠の渋沢敬三の影響が色濃くにじんでいる。敬三は徹底的にモノにこだわった民俗学者だった。大正年間に横浜正金銀行のロンドン支店に赴任したとき、敬三は大英博物館をはじめヨーロッパ各地の博物館をほとんどすべて見て回った。敬三が特に注目したのは、人体の骨格標本だった。敬三は骨というモノから西欧と西欧人を理解しようとした。

敬三がまだ東大に在学中、ポケットマネーをはたいて、アチック・ミューゼアムをつくり、そこに、このまま放置しておくと散逸が懸念される民具類を集めはじめたとき、周囲は、どうせお大尽のお遊びだろう、あんなガラクタを集めてどうする、と陰で冷笑した。そうした周囲の冷ややかな反応に対し、敬三は一言も抗弁せず、「まあ、見ていてください。ここは百年たったら近代日本を語る正倉院になりますから」と莞爾《かんじ》として言っただけだった。

敬三は16ミリによる民俗ドキュメンタリーフィルムも何本か撮っている。そのうちの一本、大正十五（一九二六）年に敬三が撮影した「台湾旅行」という作品を見ると、宮本の視点との共通点が多いことに驚かされる。

町並みに向けられたレンズはやがて建物の看板にパーンし、かなり長い間静止する。歩く人びとの足元、レンガのアーケードのアーチ、カゴのぶらさがった商店の軒先などのカットは、宮本の写真を見るようである。ちなみに敬三には『日本広告史小考』という著作もあり、日本における商業看板の歴史的変遷が考察されている。

宮本の写真術とその思想

宮本の長男の千晴が、宮本の写真術についてふれた文章がある。宮本の没後、「生活学会報」（一八号）に「世間師《しょけんし》の学」と題して寄稿されたものである。世間師とは、若い頃、旅暮らしで見聞をひろめ、旅で得た豊富な知識を持ち帰り、老後自分を生んでくれた郷里のためにも人生の恩返しをする人、といったほどの意味である。四千日を旅に暮らし、晩年、郷里のために力を尽くした宮本の人生を形容する際にもよく使われる。

〈父はきわめてあたりまえのことをやっていた。自分、ないし自分たちの生活と生活感情を、繰返し繰返しチェックし、そこからくる敏感さで、目に映るもののひとつひとつをこまかく気にとめようとしたにすぎない。あたりまえのことに注意し、つねに全体像をつかもうとした。

コンパクトでシンプルなカメラを使って、片手で片っ端からメモしていった。「あっと思ったら写せ、おやって思ったら写せ」と指導した。何かを探す写し方ではない。当然一コマとしては使いものにならない写真が多い。

しかし、たとえば東アフリカを大いそぎで歩いたとき、そのコンタクトプリントを見て私がからかうと、「それでも、これでわしの通ったところについては、どこでどういう作物を作っており、何を作っていないかが一通り分かるじゃろう」と弁解した。（中略）

とにかく歩くこと。歩いて見ること。外を見、みずからのすみずみを見ること。歩いて外を見ることで、見る目の新鮮さや驚きのにぶることを防ぐこと。つきつけられた問題にすべて取組もうとすることで、重大な見落しを防ぐこと。その勇気と気力を得つづけるために歩いて接して取組むこと〉

この指摘には、宮本の写真術の秘密が端的に言い当てられている。宮本の写真は一点一点を見るだけではあまり鮮明な像を結ばない。だが、宮本の写真を連続して見るとき、意図は明らかとなり、それを記録しつづけた精神の強靭さに圧倒される。

千晴の文章のなかにある「東アフリカを大いそぎで歩いたとき」というのは、昭和五十（一九七五）年の七月から八月にかけ、ケニア、タンザニアなどを四十四日間かけて歩いた旅を指す。

このとき宮本は六十八歳だったが、観文研の若者が運転するバイクの荷台に乗って、片手で運転手の背中につかまり、もう一方の手でハーフサイズのオリンパスペンを構えて、左右に流れるアフリカのサバンナ風景を撮りつづけた。このとき宮本が撮った写真は、もう一台の一眼レフで撮った写真と合わせて、合計六千枚にも達した。

宮本はその後も、武蔵美を退職した昭和五十二（一九七七）年の九月に済州島旅行に出かけ、昭和五十四年九月の台湾旅行、翌年十月の中国旅行と旺盛な海外の旅をつづけた。最後の旅は七十三歳のときだった。

中国新聞記者の佐田尾信作が五十名近い関係者の聞きとりをもとにまとめ、水仙忌と呼ばれる宮本の二十三回目の命日当日の平成十六（二〇〇四）年一月三十日に刊行された『宮本常一という世界』（みずのわ出版）という新刊本がある。そのなかに、観文研発行の「あるくみるきく」の写真を撮って全国を回った民俗学写真家の須藤功の興味ぶかいインタビュー談話が紹介されている。

〈――宮本常一の写真のルーツはあるのでしょうか。

須藤　先生の写真についての思想には、日本の報道写真の草分けである名取洋之助（故人）の影響があったように思います。岩波書店から一冊百円の写真文庫というのが出ていましたが、期間はわかりませんが、先生はその手伝いをして名取の写真の編集の手法を見ているんです。名取は「写真は芸術じゃない」と言い張った人で、そのために一緒に仕事をしていた土門拳とか木村伊兵衛らは離反するわけですが、「芸術ではない」というあたり、一致しているわけです〉

須藤は、昭和二十九年十二月に岩波写真文庫から刊行された『能登』は宮本が監修しており、その半年後に同じ岩波写真文庫から刊行された薩南諸島の記録『忘れられた島』のタイトルをつけたのも宮本ではないか、とも語っている。

宮本は昭和二十六年秋に、能登の時国家《ときくにけ》の調査に出かけており、岩波写真文庫の『能登』

を監修するのは自然の流れだったのだろう。そういわれてみれば、宮本の写真は、庶民の立場に視座を据えた岩波写真文庫のテイストと瓜二つといってもいいようなところがある。

行商や露天商に「不易流行」を見て

宮本は整然とした街並みよりは雑然とした街並みを、立派な構えの商店よりも路上で商う露店や行商を好んで撮った（一七六〜一七九頁）。昭和三十二年八月、広島の尾道で撮られた海の上につきだした家並み風景（一六四頁）も、人影こそ写っていないが、人のにおいがする宮本好みの一枚である。

宮本はこの写真にふれるかたちで、大正十五（一九二六）年夏の思い出を綴っている。この年、宮本は天王寺師範の二部に入学し、夏に山陽航路の汽船で帰郷している。十九歳のときだった。

山陽航路は中国航路とも呼ばれ、大阪の安治川を起点に、兵庫、小豆島の坂手から、高松、丸亀、多度津《たどつ》と四国の港に寄ったあと、広島の鞆《とも》、尾道、糸崎、竹原、倉橋島の音戸《おんど》、吉浦、宇品、宮島、山口県の岩国と瀬戸内海を西に進み、周防大島の久賀《くか》に寄って、柳井、室津、宇部新川、下関に寄港して、小倉に到着する航路だった。

〈夕方大阪をたって、夜あけ頃に多度津につき、吉浦か宇品のあたりで日がくれる。そしてその翌朝下関につく。いかにものんびりした船旅であったが、山陽線が開通した後も、沿岸のまずしい人たちはこの航路を利用した。船賃が安かった上に食事も出た。麦飯に煮付と味噌汁程度であったが、わずかばかりの間にもみなよき話し相手になってたのしい船旅であったといえる〉（『私の日本地図6・瀬戸内海Ⅱ／芸予の海』）

宮本はこのなかで、山陽航路は貧しいハワイ移民たちがよく利用した航路だったとも回想している。そして、行くときは三等船室で暗い顔をしていたハワイ移民たちが、帰るときにはパリッとした洋服を着て胸をはっていたと、音戸で長い間回漕店を営んでいた人から聞いたことがある、と述べている。

〈私はその船に大阪から久賀まで乗った。多度津から鞆までの間ですっかり夜があけた。鞆から尾道までの間はせまい海をゆく。両岸は深みどりの林におおわれ、セミがふるようにないていた。海は青かった。

船が尾道につくと、女たちがくだものや菓子を売りに来た。小さい籠を竿のさきにつけ、それに品物を入れて差し出す。客は甲板にいてそれをうけとり、代価を籠に入れる。それはいまも印象にのこっている風景である〉（前掲書）

船に物を売りにくる女たちのことをオキウロ（沖売）といった。いまはその女たちもまったく見られなくなってしまい、船旅もすっかりあわただしいものになってしまった。宮本はそう述べたあと、この話を露天売りの話につづけている。それが昭和三十六（一九六一）年五月、尾道で撮影した洗面器で貝を売る女の写真（一七七頁）につながる。

〈しかし、沖売をした女たちがいなくなったわけではない。いま尾道の町の朝をあるいてみると、海に近い道や路地には野菜、魚介の露店がならんで市《いち》をなしている。それも女の物売が多い。わずかばかりのものをならべて売っているものもある。

そういえば林芙美子の両親も尾道で行商していた。そして女たちのそうした生活はいまもつづいているのである。世の中はかわったという。見た目には大きくかわってきた。しかし民衆の生活のたて方は四五年まえも現在も、昨日につづく今日のくりかえしなのである。しかも決してなまけているのではない〉（前掲書）

宮本がこの時点で四十五年前もといっているのは、大正十五年のことである。そして尾道の海の上につきだした家並み（一六四頁）と露天（一七七頁）が撮られたのは昭和三十二年と三十六年のことである。現在からふりかえれば、およそ四十五年前である。ということは、尾道にはいまも、四十五年前とはすっかり形をかえてはいるだろうが、オキウロとあまりかわらない女たちの生活のたて方が連綿とつづいていることになる。宮本は流行の意匠のなかにかわらぬ不易を、かわらぬ不易のなかに入りまじった風俗という流行を見ようとした。

『女の民俗誌』のなかに、千葉県市川の八十歳すぎの老婆から聞きとった行商の話が紹介されている。老婆は越後の出身で、若いとき亭主について市川に住みついたが、男の働きだけでは生活がたたないので、房州の勝浦へ行って海産物を仕入れ、それを農家へ売り歩くようになった。もう六十年近く前のことである。

行商をしているうちにワカメの行商が有利なことを教えられた。ワカメを売るときはからからにかわいたものより、水をかけて少ししなやかにした方が買う方も喜ぶし、見映えもいい。すると目方もふえるので、百匁《もんめ》で買ったものを百五十匁で売ることができる。

やがて行商先は東京に広がった。得意先をつくるには土産が大切で、ワカメ以外の何かを少しずつ持っていって、それを売るのではなく相手にやる。買ってくれないときでも土産は置いてくる。子どものいる家なら、あめ玉の一つ二つでもやる。それで自然に相手の家とも親しくなる。忙しそうにしていれば、一、二時間手伝ってやる。土産物が手に入らないときは、古着を買ってきて、それを夜なべで裂いてひもをぬう。寝着など着るときしめるもので、これは喜ばれた。このようにしておばあさんは東京から成田までの間に何千軒というほどの得意先をもった。

何かの都合で二、三日行商に出ないと、すぐにハガキがくる。近頃では電話がかかってくる。子どもはすでに成長し成功して会社の重役になっているから楽隠居もできるが、生きている間は得意先の期待にそうために歩きつづけたいという。八十歳をすぎてもおばあさんは元気で、行商をまったく苦にしていない……。

宮本は広島の三原でも、新潟の直江津でも、長崎の壱岐でも行商や露店を営む女たちを撮っている（一七六〜一七八頁）。女たちはみな、あたりの風景に溶け込んでしまったかのように目立たない。しかし、ひとりひとりの話に耳を傾ければ、古着を夜なべで裂いて行商の得意先を広げていった老婆と同じような物語りが隠されていることを宮本は知っていた。

何を残し、何を忘れてきたのか

宮本の写真には、駅や学校、役場や郵便局などの公共建築物を撮ったものも少なくない（一七〇～一七五頁）。これは、宮本の西国人らしい生来の社交性のせいでもあったろう。人に積極的に交わっていかなければ、あれだけの聞き取り調査を行なうのは到底無理である。

と同時に、それらに向けたまなざしの原点には、十五歳で父から受けた「駅の荷置場にどういう荷が置かれているかよく見よ」という教えの影響があった。駅とは人と人が出会う象徴的空間であり、それは学校や役場などにも共通している。

昭和三十九（一九六四）年四月二日に撮影された三島駅（一七四頁）や、昭和三十七年七月十三日に撮影された長野駅（一七五頁）が、神社仏閣を模した建築様式だったことも興味ぶかい。

宮本は地方ばかりを撮っているわけではない。宮本が約五年間勤めた大阪の小学校教師を辞め、妻子を堺に残してアチック・ミューゼアム入りしたのは昭和十四年の十月である。それ以来、宮本は東京・三田の渋沢邸で長い居候生活にはいった。旅から帰ると、玄関脇の小さな部屋で、五月幟《のぼり》の不用になったような布でつくった粗末な布団にくるまり、また旅に出かけるというのが、その頃の宮本の日常だった。東京は宮本にとって、旅から旅への止まり木であり、第二の故郷といってもいい土地だった。

宮本は持ち前の野次馬的好奇心を発揮して、東京のありとあらゆる場所にカメラを向けた。完成したばかりの東京タワー（一八〇〜一八一頁）を空撮し、東京駅の改修工事（一八四頁）を撮り、アコーディオンを弾きながら物乞いをする白衣の傷痍軍人（一八五頁）にシャッターを切った。完成したばかりの都営住宅（一八八頁）を撮影したかと思えば、古い都営住宅（一八八頁）をファインダーにおさめ、工事たけなわの高速道路の橋脚（一八七頁）を撮った。正月帰省の切符を買うため東京駅構内に泊まりこむ人びと（一八五頁）に目を向け、都電線路の敷石の上を走るオート三輪（一八二頁）を撮り、地方からの出稼ぎと思われるヘルメット姿の男たち（一八七頁）を撮影した。

これらの写真が貴重なのは、昭和三十九（一九六四）年十月の東京オリンピックに向けて急ピッチで変貌する東京のありさまがいきいきととらえられていることである。そこには、古い東京と新しい東京が混在し、われわれが何を残し、何を忘却してきたかを、まざまざと写しだしている。

いずれの写真もおびただしいものを語りかけてくるが、とりわけ注目したいのは、安保闘争まっただなかの昭和三十五年五月に撮られた荒川区三河島の写真（一八九頁）である。これは戦前の昭和七年に完成した、当時とすれば最新の鉄筋アパートだったが、宮本が撮影したときはいたみがひどく、老朽アパートといってもいい状態だった。

写真をよく見ると、二階の右端部分に、撮影時期より少し前に大流行したフラフープがたてかけられているのがわかる。三階のベランダから下をのぞきこんでいる主婦らしき女性は割烹着姿である。学生服で自転車に乗っている後ろ姿の少年は坊主頭で、右手には買物カゴを提げている。板壁には映画ポスターが貼られ、布団は表通りに堂々と干されている。往来にはリヤカーの屋台が引かれ、左端の電柱の中段にはむき出しの変圧器がのっている。

これは郷愁や感傷を誘う懐かしいセピア色の写真というにとどまらない。忘却の彼方に消えつつある昭和の東京下町風景のひとコマから、いまもかわらぬ庶民の息吹きと日常の細部がにおいたつように伝わってくる。

港湾区域内で造成された埋立面積は戦後33年間に約465km²、46万人が暮らす金沢市の面積に相当する。埋立地に広がる工業地帯。兵庫県。昭和36年 8 月22日

家並み・看板・ポスター

時代とともに街並みの表情は変わる。
しかし、家並みや商店の看板、映画のポスターが
街並みとその時代の顔であることに変わりはない。

①海に張り出した家。今は取り払われている。広島県尾道。昭和32年８月29日　②かつての色街の名残をとどめる家並み。江戸時代は商業を中心に栄えていた。広島県豊田郡御手洗《みたらい》。　③宿場町。江戸時代のおもかげが残る街並み。静岡県森町。昭和38年９月12日
④妻入の街並み。雪国では雪を道路に落とさない造りとなる。青森県下北。昭和39年４月14〜15日

②

③

①

④

②

①カメラ屋。大分県日出《ひじ》。昭和32年８月21～22日　②食堂。福島県会津。昭和44年８月３日　③旅館。茨城県筑波。昭和31年６月　④屋上に上げられたアドバルーン。広島市中区紙屋町。昭和43年。大正２年に、東京日本橋に初めてアドバルーンが上げられて以来、日本独特の野外広告として使われた。昭和30～40年が全盛期。

③

①

④

①

②

①映画館。この頃は小さな町にも映画館があった。しかし今、種子島に映画館はない。鹿児島県種子島。昭和37年６月12〜13日　②映画の看板・ポスター。日本映画がまだ活気のあった頃。茨城県土浦。昭和43年６月22〜29日

③

④

③映画の看板・ポスター。広島県三原。昭和40年２月
④成人向け映画のポスター。東京都吉祥寺。昭和43年７月21日

公共の建物

学校、警察署、役所、駅なども
大勢の人が集まる場所として宮本にカメラを向けさせた。
モダンな洋風や高層の建物が数多く記録された。

①円形校舎。青森県むつ。昭和39年３月６日
②校舎。長崎県的山大島。昭和36年９月18日

①

②

加入電話300万突破！
ダイヤル1155へ
大阪中央電報局

①

みんなで防犯しめ出せ暴力
守ろう!!交通の
罪なき町へ平和な町へ
古川質庫

②

③

①大阪中央電報局。大阪府。昭和34年９月６〜15日　②警察署。大阪府。昭和34年９月　③郵便局。愛知県名倉。昭和36年１月19〜20日　④牛深市役所。熊本県天草・牛深《うしぶか》。昭和35年４月22日

④

①

②

③

④

①門司港駅。大正３年建築の木造２階建てのネオ・ルネッサンス様式で、現在は観光の目玉でもある。国の重要文化財。福岡県北九州。昭和36年９月19～20日　②三島大社に因んだ神社造りの三島駅。静岡県三島。昭和39年４月２日　③善光寺に因んだ寺院造りの長野駅。平成９年10月、長野オリンピックで建てかえられた。長野市。昭和37年７月13日　④京都駅。昭和27年に建てられた３代目駅舎。現在のものは平成９年に完成。京都市。昭和38年２月10～12日

市場・露店・行商

港に近い道や路地では
魚貝はもちろん、野菜、果物から反物まで生活必需品の数かずが売られた。
そうして女たちは暮らしを立ててきた。

①

①魚の行商。魚をリヤカーに乗せ、棹秤《さおばかり》で計っている。広島県三原。昭和40年2月　②貝の露天商。広島県尾道。昭和36年5月　③朝市で反物を売る。新潟県直江津。昭和39年5月19〜20日

②

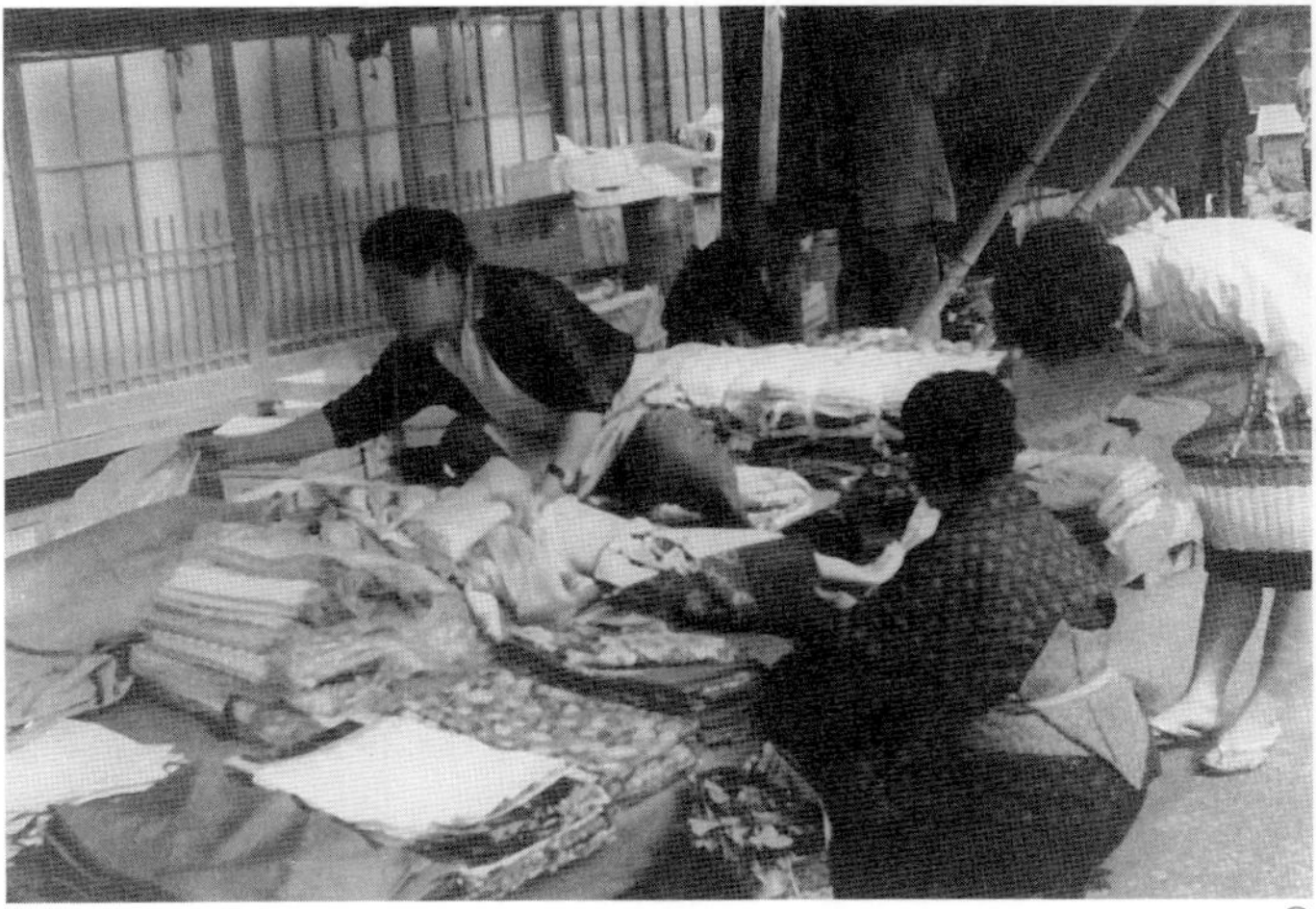

③

①

②

①露店の女性たち。長崎県壱岐・郷ノ浦。昭和37年8月3日　②露店の八百屋。大分県日出《ひじ》。昭和32年8月22日　③橋上《きようじよう》市場。聖地的意味を持つ橋の上の市場は世界でも珍しいものだったが、河川法の改正により平成15年閉鎖。岩手県釜石。昭和40年8月　④朝市の花屋。佐賀県。昭和37年8月9日

③

④

東京

東京の変貌を語ることは、日本の都市の変貌を語るに等しい。宮本は、高度経済成長時代に大変貌を遂げていく日本列島を、大都市東京に先取りしていた。

都心部。昭和33年開業した東京タワーが聳える。
東京都港区。昭和34年５月10日

①

②

①鬱蒼《うつそう》とした木立の横を走るオート三輪。この頃は道路の真ん中を都電が走っていた。東京都文京区本郷。昭和34年1月～6月　②全国町村会館(左)。都電は左、三宅坂、右、赤坂方面に走る。東京都千代田区永田町。昭和35年12月23日

③

④

③四ツ谷駅前。右の大きな樹の下は江戸時代の四谷見附跡。東京都新宿区。昭和39年７月１日　④文部省（当時）などのある官公庁街。東京都港区虎ノ門。昭和38年10月21日

①

①改修中の東京駅丸の内駅舎。大正３年12月に開業（設計：辰野金吾）、昭和20年に戦災を受け、その後３階建てを２階建てに改修した。東京都千代田区丸の内。昭和37年３月～５月　②靴磨き。都内。昭和35年12月28日　③東京駅で、帰省のために泊まり込みで切符を買う人たち。東京都千代田区。昭和38年12月　④傷痍軍人。駅や神社で白衣を着てアコーディオンなどをひき喜捨を乞うた。都内。昭和39年12月

②

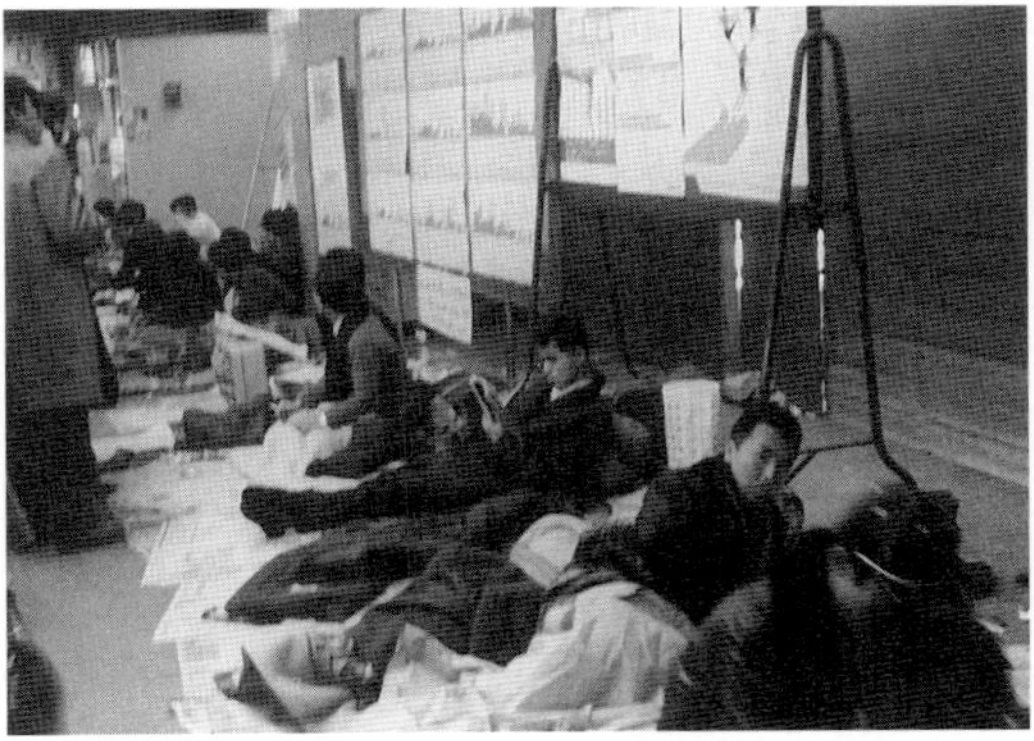

③

④

①

②

③

④

①建築中の帝国劇場。明治44年に開場したが、昭和41年に建てかえられ現在に至っている。東京都千代田区丸の内。昭和41年３月　②建築中の国会図書館。第２期工事により、昭和43年全館が完成した。東京都千代田区永田町。撮影時期不明　③首都高速道路の建設工事。東京都千代田区永田町付近。昭和39年３月30日　④半蔵門界隈。高層化に向けて工事がたけなわだった頃。東京都千代田区。昭和38年４月17日

①

②

③

①鉄筋コンクリート５階建ての都営住宅。東京都府中。昭和43年６月　②木造平屋建ての都営住宅。都内。昭和39年10月　③鉄筋コンクリート住宅。昭和７年完成。東京都荒川区三河島。昭和35年５月18〜22日

第四章　ジャーナリストの視点

学生運動と百姓一揆——六〇年安保

高いところに上って見よ。車窓を流れる風景に注意せよ。人の見残したものを見ろ。宮本の背骨を流れるフィールドワーカーの精神は、日々の記録を歴史の上に刻むジャーナリストの精神にも通じる。

昭和三十五（一九六〇）年六月三日、宮本は安保反対闘争のデモ隊を撮っている。「安保阻止・国会解散　岸内閣打倒」というスローガンが書かれた旗指物をかざしてデモの先頭を行く詰襟姿の学生、アメリカ大使館前を警備する機動隊の隊列、デモを取材する報道陣の後ろ姿など（二〇〇〜二〇一頁）が、宮本のカメラにおさめられている。宮本の視線は、デモをする学生側にも、それを規制する機動隊側にもおかれてはいない。デモの行列をビルの窓からながめる人びとを撮っていることにも現われているように、宮本の関心のベクトルはデモそのものというより、むしろ、デモを見つめる大衆の方に向かっている。

六〇年安保闘争から約十年、全共闘運動が絶頂期を迎えた頃、宮本はその運動にふれて、次のような文章を残している。

〈近頃の学生運動は、思想的には先端をいくものだといわれている。彼らはまた理論闘争をこととしている。しかし、デモそのものは、おまつりの神輿《みこし》かきとほとんどかわらない。近頃はテッカブトをかぶるようになったが、ついさきごろまでは鉢巻をしめていた。角棒や竹ヤリをもつのも古い百姓一揆への連想をよぶ。

私はそれを単なる外形的な類似とのみ見ていない。発想や行動に相似性のあることは、理論的にどのような差異があるといってみても、心情においては共通しているものがある。あたらしい思想の表現にあたって、どうして、もっとも古い型をえらぶのであろうか。（中略）

自分は古いものから抜け出したと思い、また古いことを忘れてしまっているように思っていても、依然としてその古いものが生きている。無意識のうちに生きているものである。いったい、われわれの生活の中にはそのような気づかない古くからの慣習がどのように、どれほど存在しているのであろうか〉（『宮本常一著作集第十五巻・日本を思う』所収）

宮本とゆかりが深い網野善彦の『異形の王権』（平凡社ライブラリー）は、宮本が編纂の中心メンバーとなった『絵巻物による日本常民生活絵引』を復刊する際の校訂作業から生まれたものである。その『異形の王権』のなかに、中世の絵巻物に登場する白覆面の男たちや石つぶてを投げて一揆を企てる男たちについての考察がある。その考察は、学生運動のヘルメットやゲバ棒から古い百姓一揆を思い浮かべる宮本の発想ときわめて近い。

宮本はかつて「人間は伝承の森である」といったことがある。宮本はイデオロギーという表層ではなく、その下に流れる日本人の無意識の慣習、すなわち「伝承」のありようをとらえようとした。宮本の写真が、報道写真の領域をこえ、見る者の心のひだにまでふれてくるように感じられるのは、おそらく宮本がその「伝承の森」の奥深くまで分け入ろうとする意志を持ちつづけていたからであろう。

宮本はイデオロギー的に、一方からは極左のアナキストと見られ、他方からは天皇崇拝主義者と見られる奇妙な存在だった。学生運動にも強い思想的影響を与え、六〇年代を代表する理論家の一人といわれた谷川雁がかつて述べた次の言葉が、宮本の独自のポジションを鋭く言いあてている。

〈宮本氏が一度だってストライキを指導したりしたことはないにきまっているが、彼は事実の報告によって工作しているのだ〉

大規模災害の現場——新潟地震

宮本が頻繁に佐渡に渡ったことはすでに述べた。宮本の六回目の佐渡行きとなった昭和三十九（一九六四）年六月、新潟地方はマグニチュード七・五という激震に見舞われた。死者は二十六名にのぼり、二千戸近くの家屋が全壊する大災害だった。新潟市内の信濃川河岸近くに建つ鉄筋コンクリートアパートが液状化によって傾き、新潟港近くの石油精油所のタンクが爆発し、十五日間にわたって燃えつづけた。被害総額は三千億円にものぼった。

このとき宮本がいつもの新潟—両津間の航路を使わず、長岡から信越線で直江津まで出て、直江津—小木間の船を利用したのも、新潟港の被害による交通途絶を恐れたためだった。地震が起きたのは宮本が佐渡に渡る四日前の六月十六日のことだった。

宮本は佐渡に六月二十日から一週間滞在し、二十六日に佐渡を離れた。帰りの航路も、小木を出航して小佐渡の赤泊、松ヶ崎などに寄港して新潟港に向かう船を選んで赤泊から乗船した。

まだ煙をあげて炎上中の石油タンクや、水没した家々などの写真は、そのとき乗りこんだ「えっさ丸」が新潟港に入港したとき、甲板に出て撮ったものである。宮本は新潟市内の被災の様子もカメラにおさめている（二〇二～二〇三頁）。

進歩とは何か、発展とは何か――大阪万博

宮本はなぜか国家的大イベントの東京オリンピックにはあまり関心を示していない。昭和四十五年三月に開催された同じ国家的大イベントの大阪万博の写真（二〇四～二〇五頁）を何枚も残しているのとは対照的である。これは、宮本が生来、技術というものに対して強い関心をもっていたためとも考えられる。しかし、宮本は技術の進歩というものを無批判に盲信していたわけではない。

宮本は死の三年前に書いた自伝的回想記ともいうべき『民俗学の旅』（講談社学術文庫）の

末尾近くで述べている。

〈いったい進歩というのは何であろうか、発展というのは何であろうか。(中略)失われるものがすべて不要であり、時代おくれのものであったのだろうか。進歩に対する迷信が、退歩しつつあるものをも進歩と誤解し、時にはそれが人間だけでなく生きとし生けるものを絶滅にさえ向かわしめつつあるのではないかと思うことがある〉

われわれは技術の進歩と経済発展こそが人間と社会の成長をもたらすものだと信じて、戦後の時空間をつっ走ってきた。なにごとも変化しないことは悪であり、変化することこそ善だとかたくなに信じこまされてきた。

だが、いまわれわれが実感しているのは、ドッグイヤーといわれるまったく歯どめのきかない時間の流れのなかで、胸のうちにどんよりよどむ空虚な思いだけではないのか。

宮本の写真は、それがどこから来たかを暗示している。時間を止めることはできない。しかし、人間は立ち止まることができる。宮本の写真にわれわれが励まされるのは、宮本がそのことを勇気をもって教えてくれているからであろう。

十万点にのぼる宮本の写真がおさめられた「周防大島文化交流センター」には、写真のほかにはほとんど何も飾られていない。遺品類は、最後に使ったカメラ、万年筆、ルーペなどの身の回り品がわずかに陳列されているだけである。飾ろうにも飾るべき遺品がまったくといっていいほどないからである。リュックは使いつぶしたし、ズック靴は履きつぶした。ここには、宮本の物に執着しない精神も飾られている。

記録だけが残ればいい。宮本は写真とともに、その高邁な精神も次代に渡した。

① 

② 

③ 

「六〇年安保」

宮本は、百姓一揆を連想させるその行動は心情において共通すると見た。
東京都港区。昭和三十五（一九六〇）年六月三日撮影。

④

⑤

⑥

①「安保阻止・国会解散 岸内閣打倒」の横断幕を手にデモをする市民、学生。②学生のデモ隊。③アメリカ大使館前で警備につく機動隊。④アメリカ大使館前で衝突したデモ隊と機動隊。 ⑤車の屋根から取材する報道陣。 ⑥近くのビルの窓から衝突を見るサラリーマンたち。

「新潟地震」

災害による被害が大規模化する時代の到来を予感させた。
昭和三十九（一九六四）年六月下旬撮影。

①

②

③

⑤

④

①炎上を続ける石油タンク。埋立による軟弱な地盤の脆さを露呈した。 ②新潟港内の倉庫。県沿岸は４ｍの高波に襲われた。 ③川辺の民家。信濃川は市内を逆流した。 ④タバコ屋の店先。全半壊した家屋は8600戸にのぼった。 ⑤波止めを行く人たち。地盤の低い所では１カ月もの間、水が引かなかった。

「大阪万国博覧会」

技術の進歩と経済成長のシンボルとしての国家的大イベントに日本中が沸いた。大阪府吹田。昭和四十五（一九七〇）年三月十三日撮影。

①

②

③

④

①各パビリオンが建ち並ぶ会場の中心部。 ②万博会場への足となったモノレール。 ③完成の遅れている会場周辺。 ④万博のシンボルとして岡本太郎が制作した「太陽の塔」。

おわりに

日本人の「読む力」の減退が、最近しきりといわれている。

「読む力」の衰えが、活字離れを引き起こし、ひいては出版不況を招く遠因ともなっている。「読む力」というイディオムはそうした文脈で使われることが多い。だが、私の見方は少し違う。

「読む」という行為は何も活字だけに向けられたものではない。人間は相手の気持ちも「読む」し、あたりの気配も「読む」。将棋を指すときは、何手先まで「読む」し、風景や写真もまた「読む」対象である。第六感を働かせて、危険を事前に察知する能力も「読む」力と密接不離の関係にある。

「読む力」とは、人間の身体の全領域にわたるこれらの能力のすべてを指している。それが本当に衰えているとするなら、活字離れや出版不況どころの騒ぎではない由々しき大問題である。

「読む力」というものを少しむつかしく定義すれば、人間であれ、事物であれ、自分と向き合うべき対象との距離を測り、その関係性の間合いのなかに、自分の「立ち位置」を正確にポジショニングしていく能力だといえる。つまり、歴史に規定された自分という存在が、その時空間の奈辺にあるかを感じとる能力のことである。

すぐれた写真は、それを自ずから喚起する力を内在的に備えている。それを見る者は、自分がどういう時代に生き、その時代とどう向き合ってきたのか、鋭く問われることになる。その写真を見ることによって、自分と世界との間に横たわる目に見えない等高線を感じとり、自分がその等高線のグラデーションのどのあたりに存在しているかを、いやおうなしに実感することになる。

宮本の写真は、一見、懐かしい世界だけを写しとっているように見える。しかし、その写真は、見る者の身体能力のすべてを稼働させなければ本当に読み解くことはできない。一本の流木から相互扶助の精神を読みとり、杉皮が干してあるだけの山村風景から山林労働の全過程を読みとることはできない。

「あるくみるきく」精神から生まれた宮本の写真には、キーボードをたたくだけで、瞬時に「解」が出るインターネットとは対極の世界が広がっている。そこには、歩くことでしか見えてこない「小文字」の世界が、ゆったりと流れるアナログの時間のしわとともにゆるぎなく定着されている。宮本の写真は、われわれがどこから来て、どこに行くかを静かに問うている。

「記憶されたものだけが記録にとどめられる」

宮本が晩年語った言葉だが、宮本の写真から伝わってくるのは、それを反転させた言葉である。

「記録されたものしか記憶にとどめられない」

宮本の写真の底には、高度経済成長期前後の日本人の記憶と記録がおびただしく堆積されている。

平凡社ライブラリー版 あとがき

本書の親本が平凡社から出たのは二〇〇四年の六月だったから、早いものでもう約十年になる。二〇〇四年といえば、小泉（純一郎）内閣の絶頂期である。

小泉はその前々年に北朝鮮を電撃訪問し、国家最高指導者の金正日《キムジョンイル》に会って、日本人拉致を初めて認めさせた。

その〝将軍様〟が二〇一一年十二月に亡くなると、三男の金正恩《キムジョンウォン》が国家最高指導者を継承した。そして、今年二月に三度目の核実験を行った。まさに十年一昔である。

緊迫する極東情勢といえば、十年前に尖閣諸島の「せ」の字を言う人もいなかった。それが、尖閣諸島沖では、日中間で日増しに緊迫の度合いを増しているのだから、これまた昔日の感がある。

日本ではポスト小泉内閣として第一次安倍（晋三）内閣が組閣され、福田康夫、麻生太郎内閣となって、二〇〇九年八月の総選挙で民主党が地すべり的大勝利をして、〝政権交代〟となった。

しかし、民主党政権は鳩山由紀夫、菅直人、野田佳彦と三代しか続かず、二〇一二年末の総選挙で自民党の〝逆政権交代〟となり、第二次安倍内閣が誕生した。

この激動と言うほかない時代のなかで最大の事件といえば、やはり二〇一一年三月十一日に起きた三陸大津波と福島第一原発事故だろう。

「三・一一」前と「三・一一」後では、日本の風景は一変したように思える。もちろん風景そのものは変わるはずはないから、変わったのは風景を見るわれわれ日本人の精神のありようである。

ここに収められた宮本の写真は、「三・一一」前の日本人の精神のありかたを、まぎれもなく写し出している。

ここには、見渡す限り瓦礫の山となった三陸の港町も、高い放射能を浴びて立ち入り禁止となり、無人のゴーストタウンとなった福島の町も写っていない。

それだけに、宮本が撮影した昭和の写真はなおさら貴重に思えるのである。私は宮本の写真を見ながら、有り難さに思わず手を合わせた瞬間が何度かあった。

本書に解説を寄せた写真家の森山大道氏も述べているが、宮本は戦後の表立った事件や突出した出来事を裏で支えてきた土壌をすべて撮っている。それが、宮本の写真に手を合わせる気持ちにさせる最大の理由だろう。

「はじめに」で述べた石牟礼道子の「山川の召命」という素晴らしい解説を思い出していただきたい。石牟礼は宮本が書き残した渚は日本列島の海岸線から消え去ったと慨嘆したが、消え去ったのは渚だけではない。

この写真集に定着された木橋も砂利道もつぎはぎだらけの洗濯物も、日本じゅうから失われて、もう見ることが出来ない。

宮本がハーフサイズのオリンパスペンを使ってバシャ、バシャ撮った時代と現在の日本人の精神のありかたの最も大きな違いは、本書の表紙を飾った写真を見れば一目瞭然にわかる。

これは昭和三十四（一九五九）年七月二十七日、宮本が静岡県の林道調査に出かけた際、佐久間ダムに近い静岡県水窪《みさくぼ》で撮られたものである。

田舎道に立った九人の子どもが、半ズボン、ランニング姿でこちらを見て笑っている。なかには上半身裸の子どももいる。

道に落ちた子どもたちの影の濃さが、暑い日盛りを感じさせる。靴を履いている子どももいるが、下駄ばき、草履ばきの子も目立つ。

だが、この写真からは、貧しさゆえの卑屈さのようなものは微塵も感じさせない。

それは子どもたちが、一人一人バラバラに育っているのではなく、ぶどう棚にそってふくよかに成長したぶどうの房のようにしっかり絡みついているからだろう。

彼らは家庭の子であると同時に、というより、それ以上に村の子であり、社会の子だった。

宮本の故郷の山口県周防大島文化交流センター（通称・宮本常一記念館）で、宮本が撮影した約十万点の写真を最初に見たときの衝撃は、いまも忘れ難い。

そこには日本人と、日本人の生活がゆるぎなく定着されていた。その比類なき安定感に圧倒された。

しかし、この写真集をあらためて眺め、森山大道氏の解説を読んで、私が宮本の写真に圧倒されたのは、単なる安定感ゆえではないことがわかった。

森山氏も述べているように、これだけ膨大な写真を一堂に見せられると、宮本が写そうとしたのは、ふだん見えない日本の「異界」だったとわかる。

日本人と日本人の生活の奥底にひそむ「異界」に、宮本はまなざしを注ぎ続けた。だから、われわれは宮本の写真から目を離すことができない。

ここに収められた写真には、高度経済成長の荒波が洗いざらい浚っていってしまった忘れられた日本人の美しい輝きが、一枚残らず定着されている。

それが見る者の胸をしめつけるのは、昭和という時代のせつなさが異様な底光りとなって迫ってくるからである。

二〇一三年三月一〇日

佐野眞一

解説——戦後の土壌をすべて撮っている

森山大道

いわゆる民俗学にもともと関心があったわけではないんですが、宮本常一さんの写真は折にふれて見ていました。二〇〇五年に毎日新聞社から『写真・日記集成』が出るというので、改めてまとまった形で見て、とにかく圧倒されましたね。

まず宮本さんが歩いた物理的な距離、写真を撮った物質的な量。僕ももう五十年ぐらい路上を歩いて撮ってきて、北海道や東北を結構うろうろした時期があるけど、その場所の選び方、歩き方は勝手気ままで、系統立ててきちんと写して歩いたわけではない。そういう意味を含めても、やっぱり宮本さんの軌跡というのはすごいなと。そこにはもちろん民俗学という背骨があるんですけども、やっぱりすさまじくて、この人はちょっと半端ではない、かなわないとある時期から本当に思っているんです。

僕の知る限りにおいて、それこそ伊能忠敬じゃないけど、ここまで徹底して緻密に歩いて見た人はいない。歩く・見る・聞く、そして写す。一貫してそのスタンスを変えない、フィールドワークとカメラワークとフットワーク。目に映る全部が自分の民俗学だと、はっきり思っていた人だよね。恐らく、この人ほど物狂いというか、撮り狂った人はプロカメラマンでもいないんじゃないかな。僕なんか歩いて撮ったほうです。それでもやっぱりかなわんと思うから……。

僕も若いときから宮本さんと同じオリンパス・ペンワイドを使って、パチパチ撮りましたけど、たとえばこうありたいと思っても、なかなかそこまでは踏み込めない所まで宮本さんはニコニコ入っていって、しれっと写してしまっている。そこに凄みを感じるんだよね。

宮本さんの写真を見ていると、そこに過多な心情を入れたりしていない。情緒的に深入りもしていない。僕はそれを通過者の視点と言うんだけど、民俗学者としての宮本さんの場合は単なる通過者では済まないわけです。むしろ単なる通過者というんだったら、僕のほうが一瞥して通り過ぎればいいという文字通りの通過者の視線で、宮本さんはそれでは済まされない部分がその下地にある。それがありながら、あれだけ撮ったというのは脱帽ものです。

宮本さんの写真を見る後世の人間が、写っている世界を既視感なり記憶と重ね合わせて懐かしいと感じることはもちろんあると思うんです。だけど、宮本さんは写すそれぞれのシーンにおいて主情性みたいなものをほとんど見せない。宮本さんだって、どこかに情が絡んだりすることもあるでしょう、私情がまったくないわけはないと思うけども、トータルで全体を見ると、そういう情緒に語りかける部分が見事にない。

というのは貪欲に何でもかんでも見たら撮っちゃうからでしょうね。ここはちょっと絵になるからとか、情緒的でいいなどといちいち思わないで、とにかくまずシャッターを押す。やっぱりそれですよね。

それは写真の本質と実はとても大きくかかわっている。宮本さんご自身が撮っているときにそんなことはいちいち思ってはいなかったと思う。僕は基本的に、写真というのはアマチュアリズムとアノニマス（匿名性）だと思っていて、宮本さんはこれを図らずも見事に体現している。僕ら写真家は「何でも感じたものを撮ればいい」と言いながら、それこそ構図にこだわるとか、どこかで表現意識というものに捉われてしまう。

僕なんか、表現性から遠ざかりたいと常に思っているけれど、それは無理です。ある意味そこが永遠のテーマなんだけど恐らくできない。そこが一番難しいんです。だからそれをある意味、手もなくっていうのはおかしいけど、あっさりやっちゃってるわけで、宮本さんには勝てないよね、というのがある。

そして、宮本さんは通過者の視点でさらっと撮ってはいるけれど、写した写真のどれも構図がいい。どこまで意識していたのかは分からないけど、アングルにしても、スタンスにしても、撮影に対する先天的なセンスがありますね。こうやって改めて見ると、みんなやっぱりいいですもん。

それと学者として当然のことにしても、対象との関係性をおざなりにしないっていう。単なる通過者、たとえば僕だったら、一枚撮ったらさっと裏道入っちゃったり、別の所に目が移っちゃうんですが、宮本さんは全部その周辺をきちんと観察して、おびただしい数のシャッターを切っている。


戦後の表立った事件とか突出した出来事というのはいっぱいありますよね。それらはもう随分撮られている。まずプレスが撮るし、いろんな写真作家もそれぞれ自分のテーマとして撮る。でも宮本さんは、それら出来事や時代の向こう側の風土、つまりその裏側を全部撮っている。歴史の突出した部分の裏にあって、実はそれを支えている土壌を全部撮っているという感じがします。

報道写真家が、これは報告しなきゃいけないって、しゃかりきに撮っている裏で、宮本さんは日本列島をひとりめぐって万遍なく撮っている。つまりその両方がないと、戦後史は成り立たないですよね。

プロのカメラマンは、突出部分で捉えようとするけど、宮本さんにはそれが基本的にはないわけで。むしろ、それを支える日本列島の内実にいろんな突出部分があるということを見せている。そのあたりが一番大きなところでしょうね。

戦後の写真の歴史だって、土門拳さんがいて、木村伊兵衛さんがいる。濱谷浩さんがいて、東松照明さんがいる。みんなそれぞれ自分のテーマを設定して、いろいろな表現の方法を使いますよね。もっといろんな方もいらっしゃるけど、それらの写真と、宮本さんの写真を重ね見ないと、実際のその時代が残らない。そういう位置の人です。

歴史の突出した部分を支える日本列島の人々の生活は日常として括られ、そうは表に出ない。でもそこを全部、宮本さんが受け持っている。もちろん基本は、資料であり記録でありという実証メモみたいな感じで撮っているわけですが、実はそのメモがすごいんだよっていうね。

さっき言ったアマチュアリズムとかアノニマスという意味では絶対僕ら駄目だよね、と思わせるぐらい、すごいね。この人、いったい何なんだろうという。

宮本さんは子どもや働いている女性の写真も撮っていますけど、その人たちの中に土足で踏み込んでいくところがないですね。べたべた入り込んでいかない。目線が対等なんですね。宮本さんご自身、とても都会人的な感じがする。節度みたいなことも含めて自然だし、思考とか振る舞いがなんかスマートに感じます。むろん見たわけではないけど。

要するに魅力的な人だったと思う。だって撮られている人との関係性は写真に表れますからね。振りかぶってないし、さらりと撮ってるしさ。

こういう言い方は失礼だけど、宮本さんっておそらく人たらしだよね。さりげなく人たらし。だからどこの農村行っても、島行っても、漁村行っても、その風景の中にすいと入り込めるし、人々に違和感とか嫌悪感を与えない体質を持っていると思う。それは生まれ持った、先天的なもので、会うとにこにこっとされて、いいおじさんだなと思うだろうね。でも実はすごいぞみたいな人。それは、お会いできるんだったら会ってみたかったですね。偉そうな人じゃないし。

僕はどうも優しさがなくてさ、人や物事を斜めから見るようなところがあるから、なかなか宮本さん的スタンスでは撮れないね。どこか自分のなかにある暗がりみたいなところで見ちゃうとこあって、こうはいかないですよ。

撮るという行為は、僕の言葉で言うと「日常の裂け目」を撮るということですね。流動する日常にはスリットが無数にあって、そこを見たい、写したいっていうのがある。それは言い換えると異界という言葉にもなるんだけど、宮本さんがフィールドワークで歩かれた、すごい領域の写真を見ると、それもまたもうひとつの異界なんですよ。しかもこれだけの量を見せられると、すごく異界が感じとれる。

そこには歴史的な時間の在りようとか、そこに生きた人の在りようとかいろんなことがあって、風俗とか、土俗とか、民俗とかを全部含めた上のトータルで見ると、宮本さんが撮った人々と風土には強靭な実存性が露われています。

しかし、こうして改めて見るとかなわんよ。それは、アプローチの方向とかいろいろ違うからいいんだけど、でもやっぱりやられちゃってるって感アリだなあ。もし宮本さんに都市も同じように撮られたら、僕ら本当にたまらんですよ。じゃあ「新宿撮ってみろ」なんて言ってみたいけどね。でも撮ったら負けたりしてね。え、そこまで撮るの、みたいのを撮っちゃいそうでね。

でも宮本さんの仕事をどうして写真プロパーが、例えばカメラ雑誌がもっとずっと昔に大特集するとか、そういうことをやらなかったのかなと思うな。この人と写真を見たら絶対やるしかないでしょうっていう感じはするよね。

（もりやま　だいどう　談）

昭和三十～四十年代年表＋宮本常一略年譜（・印太字）

明治四十(一九〇七)年	**・八月一日、山口県大島郡東和町長崎に生まれる。**
大正二(一九一三)年	**・一月、祖父・市五郎に連れられて、呉にはじめての旅行をする。**
大正十二(一九二三)年	**・三月、祖母・カネ死去。四月、周防大島を出て大阪へ向かう。叔父・音五郎の庇護を受け、大阪逓信講習所に通う。**
大正十三(一九二四)年	**・五月、大阪逓信講習所を卒業、高麗橋郵便局に勤務する。**
大正十五(一九二六)年	**・四月、天王寺師範学校二部に入学。読書熱が高まり、自らも作品を書くようになる。**
昭和二(一九二七)年	**・三月、天王寺師範学校を卒業。九月、祖父・市五郎死去。**
昭和三(一九二八)年	**・四月、天王寺師範学校専攻科に再入学、地理学を専攻する。**
昭和四(一九二九)年	**・三月、天王寺師範学校を卒業。四月より泉南郡田尻尋常小学校に赴任する。**
昭和五(一九三〇)年	**・三月、結核を患い帰郷、療養生活に入る。**
昭和七(一九三二)年	**・三月、二年ぶりに大阪に戻り、泉北郡北池田尋常高等小学校に赴任。**
昭和八(一九三三)年	**・八月、父・善十郎死去。九月、ガリ版雑誌「口承文学」創刊（～昭和十一年一月）。**

昭和十(一九三五)年	**・二月、前年の台風で廃校となった養徳小学校から取石小学校に移る。四月、大阪民俗談話会で渋沢敬三と初対面。十二月、玉田アサ子と結婚。**
昭和十二(一九三七)年	**・五月、アチック・ミューゼアムの瀬戸内海巡航に同行。**
昭和十四(一九三九)年	**・十月、アチック・ミューゼアム入り。**
昭和二十(一九四五)年	**・七月、空襲を受け、家全焼。家財、書籍、資料一切を焼失。**
昭和二十一(一九四六)年	**・四月、(社)新自治協会嘱託就任、農村研究主任となる。**
昭和二十四(一九四九)年	**・六月、徳島県下でリンパ腺化膿のため危篤状態となるが、渋沢が送ったペニシリンにて助かる。**
昭和二十七(一九五二)年	**・五月、五島列島を学術調査し、離島振興法の制定に尽力。**
昭和二十八(一九五三)年	**・八月、全国離島振興協議会の初代事務局長となる(〜昭和三十二年六月)。**
昭和三十(一九五五)年	『経済白書』(第九回)が「前進への道」を発表/このころ、電気器具の保有状況から家庭を七階級に区分。第七階級は電灯のみ、第六階級はラジオ・アイロン、第五階級はトースターと電熱器、第四階級はミキサー・扇風機・電話、第三階級は電気洗濯機、第二階級は電気冷蔵庫、第一階級はテレビと掃除機を持つ家庭とされた。
昭和三十一(一九五六)年	『経済白書』(第十回)が「もはや戦後ではない」と表現/レジャーとギャンブルの年間売上げが三千七百億円となり、日本人全体の米代の半分に達する「レジャー時代」が到来/この夏、海山は記録的な人出となった。
昭和三十二(一九五七)年	日本原子力発電、設立(社長安川第五郎)/鴨居羊子の下着ショーにスキャ

ンティー登場／東京の人口が八百五十万人を超え、首都の人口世界一となる。

昭和三十三（一九五八）年

・**十月、未来社より木下順二らと雑誌「民話」を刊行（〜昭和三十九年九月）。**なべ底不況（三十二年下期〜三十三年上期）／昭和二十二年に登場した団地に住む「団地族」が百万人に達した／フラフープがオーストラリアからアメリカ、ヨーロッパを席巻して十月、日本上陸。半月で四百万本を売るブームに。

昭和三十四（一九五九）年

・**九月より、十二指腸潰瘍で長期入院療養する。**岩戸景気（三十三年下期〜三十六年下期）／日産自動車が大衆車ダットサン・ブルーバードを発表。マイカー時代が開幕。

昭和三十五（一九六〇）年

「国民所得倍増計画」を閣議決定。高度経済成長政策を本格導入／安保条約調印／六月十五日、安保阻止の実力行動、全学連主流派は国会構内に突入、警官隊と衝突／即席ラーメン、インスタントコーヒーが普及し、「インスタント時代」が到来／カラーテレビ販売開始。二十一インチ五十二万円、十七インチでも四十二万円という高値だった。

昭和三十六（一九六一）年

・**六月、『日本の離島』で日本エッセイストクラブ賞受賞。十二月、『瀬戸内海島嶼の開発とその社会形成　海人の定住を中心に』で東洋大学より文学博士の学位を受ける。この年、渋沢邸を出て、都下府中市に転居。**農業基本法公布。農業の生産性の向上と所得の増大を目指す／日航が東京〜札幌間に国内線初のジェット機便を就航。ジェット機時代を迎える。

昭和三十七（一九六二）年	閣議で全国総合開発計画、決定／東京都が世界初の一千万人都市に／テレビ受信契約一千万突破。普及率四十八・五％。
昭和三十八（一九六三）年	・**六月、同人誌「デクノボウ」創刊（〜昭和四十三年春）。十月、渋沢敬三死去。** 政府が新産業都市十三ヵ所、工業整備特別地域六ヵ所の指定を決定／『経済白書』（第十七回）が「先進国への道」を発表／ＯＥＣＤ（経済協力開発機構）理事会、日本加盟を決定。
昭和三十九（一九六四）年	新潟地震／東海道新幹線開業／経済審議会、中期経済計画答申案を決定。成長率八・一％の高度安定成長を目指す／第十八回東京オリンピック大会開幕／海外旅行自由化。以前は、公用か業務でないと旅券は発行されなかった。
昭和四十（一九六五）年	・**四月、武蔵野美術大学の専任教授となり、民俗学や生活史などの講義を行う。** 政府、歳入不足二千五百億円をまかなうため国債発行を決定。戦後初の赤字国債となる／戦後最大の証券不況。年間の中小企業倒産件数六千件／全国出稼ぎ者総決起大会。年々出稼ぎ者が増加、四十年度で百万人を超すといわれた／この年、自動販売機二十九万台に急増。
昭和四十一（一九六六）年	・**一月、日本観光文化研究所開設、所長となる。** いざなぎ景気（昭和四十年下期〜四十五年上期）／総人口が一億人を突破。
昭和四十二（一九六七）年	・**三月、雑誌「あるくみるきく」を創刊（〜昭和六十三年十一月）。四月、早稲田大学理工学部講師となる。七月、結核が再発し入院する。**

昭和四十三（一九六八）年	資本取引自由化を閣議決定。普通鋼、オートバイ等十七業種は百%自由化。カメラ等三十三業種は五十%自由化。
昭和四十四（一九六九）年	国民総生産（GNP）は千四百二十八億ドル、自由世界では米国についで第二位に浮上／農林業人口は二十%を割ったと総理府統計局が発表。国土総合開発審議会、新全国総合開発（新全総）計画を政府案通り答申／着工から四年を経て東名高速道路、全線（東京〜小牧間）開通／『経済白書』（第二十三回）が「豊かさへの挑戦」を発表。
昭和四十五（一九七〇）年	**・三月、広島県文化財保護の専門委員として家船の調査を行う。九月、離島振興審議会委員（〜昭和五十四年六月）。**「人類の進歩と調和」をテーマに大阪万国博覧会開催。参加七十七カ国、延べ入場者数六千四百二十二万人を記録。日本の全人口の十人に六人が万博を訪れた計算になる／公害問題が深刻化、住民運動も活発になる。
昭和四十六（一九七一）年	一ドル三百六十円の固定相場制終わる／東京・新宿に四十七階建ての京王プラザホテルが開業、超高層ビル建設ラッシュの口火となる。
昭和四十七（一九七二）年	田中角栄通産相、「日本列島改造論」を発表。第一次田中内閣成立。
昭和四十八（一九七三）年	国際通貨危機。日本も変動相場制に移行／第四次中東戦争の影響で原油メジャー七社が値上げを通告。ついで、供給十%削減を通告。第一次オイルショックの到来／「日本列島改造論」で地価暴騰、狂乱物価、商社の買い占め・売り惜しみ、トイレットペーパーや洗剤などの買い占めパニックの嵐。

昭和四十九（一九七四）年	土地公示価格が発表され、地価の全国平均前年比三十％超で二年連続の「狂乱地価」が明らかになる／戦後初の「マイナス成長」が明らかになり、政府は年度の経済見通しを改訂／卸売物価指数は前年比二十三・四％上昇して、「狂乱物価」といわれた／「ゼロ成長」「節約は美徳」が流行語に。
昭和五十（一九七五）年	・**七月、アフリカのケニア、タンザニアにて民族文化の調査。** 三木首相、第一回先進国首脳会議（サミット）に出席／十一月の企業倒産件数は千三百十五件、月間では戦後最高を記録／最後のＳＬ列車が室蘭本線を走る。
昭和五十二（一九七七）年	・**三月、武蔵野美術大学を退職。五月に同大学の名誉教授の称号を授与。周防猿まわしの会復活に尽力。十二月、今和次郎賞受賞。**
昭和五十五（一九八〇）年	・**三月、故郷の周防大島に郷土大学設立、学長となる。十二月、東京都立府中病院に入院。**
昭和五十六（一九八一）年	・**一月三十日、胃癌により死去。享年七十三。**

年表の作成にあたっては、『昭和・平成史年表』（平凡社）を、宮本常一略年譜の作成にあたっては、周防大島町ホームページの宮本常一データベースを参考にしました。

関連図書一覧（＊は宮本常一の著述ないし監修）

＊宮本常一著作集（既刊五十一巻、別集二巻）　未来社　一九六七年〜刊行中
＊忘れられた日本人　岩波文庫　岩波書店　一九八四年
絵巻物による日本常民生活絵引（全五巻）　渋沢敬三・神奈川大学常民文化研究所編　平凡社　一九八四年
＊家郷の訓　岩波文庫　岩波書店　一九八四年
＊能登　岩波写真文庫（復刻版）　岩波書店　一九八八年
＊忘れられた島　岩波写真文庫（復刻版）　岩波書店　一九八八年
写真でみる日本生活図引（全八巻、別巻一）　須藤功　弘文堂　一九八八〜九三年
歴史と民俗（既刊二十七集）　神奈川大学日本常民文化研究所編　平凡社　一九八六年〜刊行中
異形の王権　網野善彦　平凡社ライブラリー　平凡社　一九九三年
＊民俗学の旅　講談社学術文庫　講談社　一九九三年
奥能登と時国家（全五巻）　神奈川大学日本常民文化研究所編　平凡社　一九九四〜二〇〇一年
大往生の島　佐野眞一　文藝春秋　一九九七年
＊宮本常一、アフリカとアジアを歩く　岩波現代文庫　岩波書店　二〇〇一年
＊空からの民俗学　岩波現代文庫　岩波書店　二〇〇一年

＊女の民俗誌　岩波現代文庫　岩波書店　二〇〇一年
かむろ復刻版（既刊三巻）　泊清寺編　みずのわ出版　二〇〇一年～刊行中
＊イザベラ・バードの『日本奥地紀行』を読む　平凡社ライブラリー　平凡社　二〇〇二年
宮本常一のまなざし　佐野眞一　みずのわ出版　二〇〇三年
『忘れられた日本人』を読む　網野善彦　岩波書店　二〇〇三年
宮本常一という世界　佐田尾信作　みずのわ出版　二〇〇四年
宮本常一――同時代の証言（全三巻）　宮本常一先生追悼文集編集委員会編　マツノ書店　二〇〇四年
写真でつづる宮本常一　須藤功編　未来社　二〇〇四年
＊日本文化の形成　講談社学術文庫　講談社　二〇〇五年
＊宮本常一写真・日記集成（全二巻、別巻一）　毎日新聞社　二〇〇五年
宮本常一――「忘れられた日本人を訪ねて」　別冊太陽　日本のこころ148　平凡社　二〇〇七年
＊私の日本地図（全十五巻）　未来社　二〇〇八年～刊行中（同友館　一九六七～七六年、絶版）
＊宮本常一　ちくま文庫（ちくま日本文学22）　筑摩書房　二〇〇八年
旅する巨人　佐野眞一　文春文庫　文藝春秋　二〇〇九年
＊宮本常一が撮った日本の情景（全二巻）　毎日新聞社　二〇〇九年
宮本常一が見た日本　佐野眞一　ちくま文庫　筑摩書房　二〇一〇年
＊宮本常一日記　青春篇　田村善次郎編　毎日新聞社　二〇一二年
＊宮本常一聞書 忘れ得ぬ歳月（東日本編、西日本篇）　田村善次郎編　八坂書房　二〇一二年

周防大島文化交流センター 案内

宮本常一が撮影した10万枚の写真や調査資料、2万冊の蔵書や調査ノート、原稿などが所蔵されている。

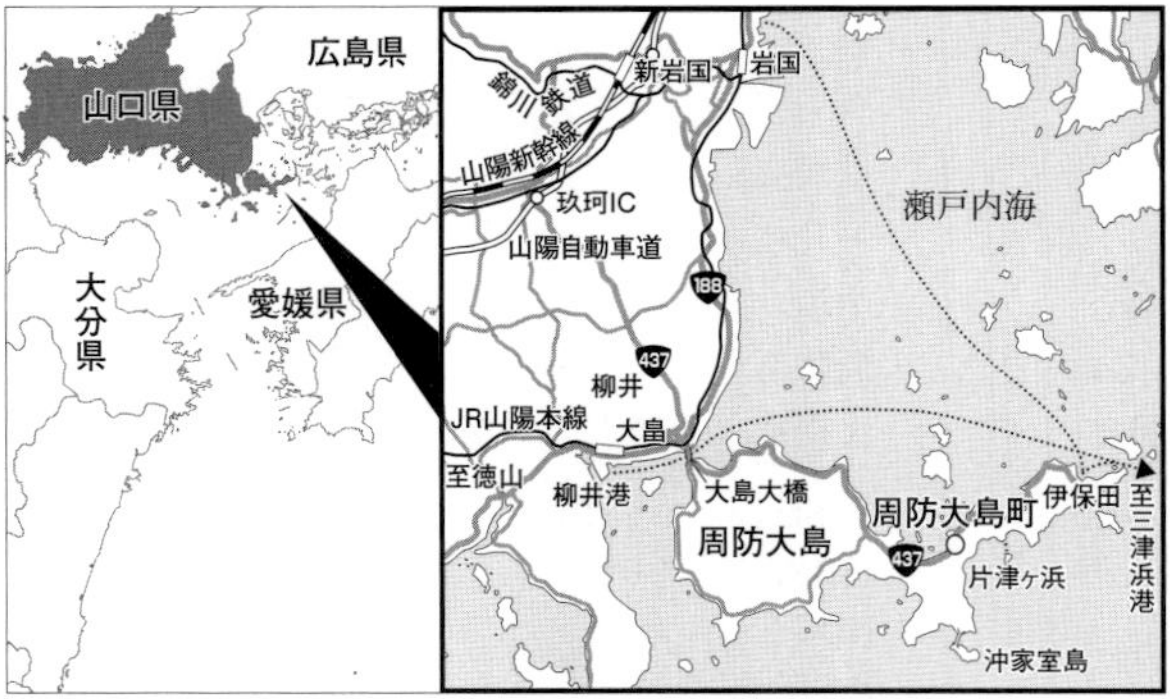

■アクセス　●鉄道　山陽新幹線新岩国—(徒歩)→錦川鉄道御庄—(錦川清流線)→岩国—(山陽本線)→大畠下車
山陽新幹線徳山—(山陽本線)→大畠下車
山陽本線大畠—(周防油宇行きバス)→平野下車
●船　松山／三津浜港—(フェリー・高速船)→伊保田港下船
伊保田港—(大畠行きバス)→平野下車
●自動車　山陽自動車道玖珂 I.C.—(国道437)→大畠—大島大橋→周防大島町

■所在地　山口県大島郡周防大島町大字平野417-11
■電　話　0820-78-2514
■ホームページ　http://www.towatown.jp/
■開館時間　午前9時30分～午後6時
■休館日　毎週水曜日(水曜日が休日の場合は翌日)
年末年始(12月28日～1月3日)

■観覧料[常設展示]

一般(高校生以上)	300円
小・中学生	150円
一般団体(20人以上)	240円
小・中学生団体(20人以上)	120円

平凡社ライブラリー　785

宮本常一《みやもとつねいち》の写真《しやしん》に読《よ》む 失《うしな》われた昭和《しようわ》

発行日…………2013年４月10日　初版第１刷

著者……………佐野眞一
発行者…………石川順一
発行所…………株式会社平凡社
〒101-0051　東京都千代田区神田神保町3-29
電話　東京(03)3230-6579［編集］
東京(03)3230-6572［営業］
振替　00180-0-29639

印刷・製本 ……株式会社東京印書館
ＤＴＰ …………平凡社制作
装幀……………中垣信夫
図版協力………周防大島文化交流センター
協力……………大森裕二／図書印刷株式会社

© Shinichi Sano 2013 Printed in Japan

ISBN978-4-582-76785-8
NDC 分類番号382
B６変型判（16.0cm）　総ページ232

平凡社ホームページ　http://www.heibonsha.co.jp/
落丁・乱丁本のお取り替えは小社読者サービス係まで
直接お送りください（送料、小社負担）。

平凡社ライブラリー　既刊より

【日本史・文化史】

網野善彦……………………異形の王権
宮本常一・山本周五郎 ほか監修……日本残酷物語1 貧しき人々のむれ
宮本常一・山本周五郎 ほか監修……日本残酷物語2 忘れられた土地
宮本常一・山本周五郎 ほか監修……日本残酷物語3 鎖国の悲劇
宮本常一・山本周五郎 ほか監修……日本残酷物語4 保障なき社会
宮本常一・山本周五郎 ほか監修……日本残酷物語5 近代の暗黒
半藤一利……………………昭和史 1926―1945
半藤一利……………………昭和史 戦後篇 1945―1989

【思想・精神史】

渡辺京二……………………逝きし世の面影

【エッセイ・ノンフィクション】

イザベラ・バード…………日本奥地紀行
森山大道……………………昼の学校＋夜の学校

【オフ・シリーズ】

宮本常一……………………イザベラ・バードの『日本奥地紀行』を読む